Moda e ironia em
Dom Casmurro

Moda e ironia em
Dom Casmurro

Geanneti Tavares Salomon

São Paulo, 2010

Copyright © 2010 Geanneti Tavares Salomon

Edição: Joana Monteleone
Editor assistente: Vitor Rodrigo Donofrio Arruda
Revisão: Marília Chaves
Assistentes de produção: Sami Reininger
Marília Reis
Projeto gráfico, capa e diagramação: Joana Monteleone e Sami Reininger

Imagem da capa: Man's Ensemble (figurino masculino). The Collection of the Kyoto
Costume Institute. *Fashion: a history from the 18th to the 20th century.*

CIP-BRASIL. CATALOGAÇÃO-NA-FONTE
SINDICATO NACIONAL DOS EDITORES DE LIVROS, RJ

S674m

Salomon, Geanneti Tavares
MORTE E IRONIA EM *DOM CASMURRO*/Geanneti Tavares Salomon.
São Paulo: Alameda, 2010.
196p.: il.

Inclui bibliografia

ISBN 978-85-7939-029-6

1.Assis, Machado de, 1839-1908. Dom Casmurro. 2. Assis, Machado de, 1839-1908
– Crítica e interpretação. 3. Moda – Brasil. 4.Ironia na literatura. 5. Morte na literatura. 6. Literatura brasileira – História e crítica. I. Título.

10-1685.   CDD: 869.93
                     CDU: 821.134.3(81)-3

                                                    018655

ALAMEDA CASA EDITORIAL
Rua Conselheiro Ramalho, 694 – Bela Vista
CEP: 01325-000 – São Paulo – SP
Tel. (11) 3012-2400
www.alamedaeditorial.com.br

SUMÁRIO

INTRODUÇÃO	09

CAPÍTULO 1 MODA E LITERATURA	15
Moda	17
Moda, vestimenta e indumentária	20
Moda: função e uso	24
Moda e arte	27
A linguagem da moda	30
A instabilidade da moda	34
O espaço da moda	37
A descrição de moda	39
A moda na literatura	44
Marcas da representação no figurino de teatro	48

CAPÍTULO 2 – A SOCIEDADE E A MODA DO SÉCULO XIX: O JOGO IRÔNICO EM *DOM CASMURRO*	55
O momento histórico e o tempo da narrativa	57
Configurações da sociedade e da moda do tempo	59
Dúvidas sobre dúvidas: as armadilhas do narrador	149

CAPÍTULO **3** – MACHADO DE ASSIS E *DOM CASMURRO*   155

O escritor Machado de Assis e sua relação com   157
a sociedade de seu tempo

O cronista Machado de Assis   162

O estilo e a ironia machadianos   167

Estratégias de narração e jogo irônico   169

CONCLUSÃO   179

REFERÊNCIAS BIBLIOGRÁFICAS   187

LISTA DAS ILUSTRAÇÕES   193

Mas eu creio que não, e tu concordarás comigo; se te lembras bem da Capitu menina, hás de reconhecer que uma estava dentro da outra, como a fruta dentro da casca.

Dom Casmurro

Agradeço a minha família o constante apoio.
A Lélia Parreira Duarte, a orientação estimulante e receptiva.
E à Capes, que também apoiou esta pesquisa.

INTRODUÇÃO

A MODA É UM FENÔMENO que pode ser compreendido como forma de expressão do indivíduo e tem reflexo sobre este e seu grupo de convívio. Nesse sentido, a moda será ação, sobre si e sobre o outro, na perspectiva de movimento que transforma, pois, cada nova investida pessoal no arsenal sazonal lançado pela moda no globo terrestre pressupõe mudanças: não terá a mesma imagem aquela pessoa que vestiu a moda dos anos 1980, nos anos 1980, e veste agora, nas primeiras década do século XXI. Essa aparente autonomia da moda é comandada por inúmeros fatores: políticos, sociais, econômicos, culturais, que afetam, em diferentes níveis, todos aqueles indivíduos que precisam se vestir diariamente.

Que poder é esse de fazer alguém se sentir novo ou diferente daquele que foi há vários anos? A moda pode fazer alguém se sentir sensual, inteligente, moderno, dinâmico, profissional, tradicionalista, ultrapassado (*old fashion*), *cult*, engajado, forte, delicado, transparente (se não chama atenção) e tantos outros adjetivos que podem surgir de um *look*, de uma experiência de moda. Experimentar a moda sempre trará sensações diferentes e vestir uma roupa nova pode provocar mudanças, às vezes muito sutis, a ponto do usuário ser o último a perceber.

Da moda emanam dois grandes poderes, já anunciando antecipadamente seu estado de instabilidade constante e de ambivalência: o poder de expressar e o de denunciar. O primeiro tem a ver com a experiência de moda com a qual o indivíduo procura ser/expressar-se alimentando seus desejos, seus medos, suas neuroses, suas esperanças, em composições de vestuário que revelam suas faces. O segundo tem a ver com o que esse indivíduo não intenciona, mas expressa com a moda, com aquilo que é visível em sua imagem diária, mas que não está sob seu controle, com a mensagem subliminar transmitida através de seu vestuário.

Esses dois grandes poderes advindos da moda podem ser observados em vários ambientes, reais ou imaginários, como no campo ficcional da literatura, lugar em que pretendi trabalhar, lançando sobre uma obra de vulto, como *Dom Casmurro*, de Machado de Assis, um olhar pelo viés da moda. No romance esses poderes em ação estão na caracterização das personagens: naquilo que delas podemos adivinhar através de seu vestuário, mas também naquilo que pode ser manipulado pelo autor, visando reunir o máximo de elementos possíveis numa estratégia narrativa criada em proveito da coerência da imagem cênica da obra.

A escolha do *corpus* se deu em função da admiração pessoal pelo escritor e sua obra, e pelo reconhecimento de que o romance escolhido, *Dom Casmurro*, tinha os atributos necessários para o desenvolvimento do trabalho. Procurava um texto literário que justamente evidenciasse a utilização da moda, da indumentária, como elemento de construção das personagens e como estratégia narrativa da criação literária. A escolha de *Dom Casmurro* pareceu-me, então, acertada, pois a presença da moda parecia ter uma função no romance, isto é, ali a indumentária não seria apenas um objeto de cena; uma função utilitária no sentido de servir à composição das personagens ao evidenciar os dois poderes acima citados referentes à moda.

Outra característica que me pareceu relevante na escolha desse *corpus* de trabalho, foi a presença de uma atmosfera teatral fortemente marcada, propiciando o mascaramento, o fingimento, a exposição do caráter de ficção do texto. Sendo notória a importância do figurino para a cena

Introdução

teatral, este tratado como argumento na medida em que colabora com o ator na caracterização das personagens e com a peça como um todo quando serve à sua história, penso que podemos ver a indumentária em *Dom Casmurro* com um propósito semelhante. E mais ainda, pois a sua utilização acentua o caráter irônico da narrativa na medida em que não fixa a imagem das personagens num sentido, mas ao contrário, mostra sua duplicidade, sua instabilidade; aponta para a utilização dos poderes da moda, que é movida por interesses.

A obra de Machado de Assis foi até o momento exaustivamente investigada, mas esse tema de pesquisa, embora não ignorado pelos pesquisadores, não foi ainda suficientemente desenvolvido sob o aspecto aqui tratado. Seu trabalho sempre privilegiou estudos no que se refere à ironia, visto ser o autor reconhecido como um dos maiores ironistas do século xix. Também seu estilo, ligado à repetição, à valorização do mínimo e ao uso da intertextualidade, são aspectos já bastante explorados, bem como as relações com os meios políticos, sociais, históricos, econômicos, psicológicos. Todos estes enfoques já foram, em diversas formatações, motivo de estudos da obra machadiana e, de certa forma, nesse estudo também estão considerados. A presença da moda no romance como estratégia narrativa que visa à ironia é também marcada por revelar os meios políticos, sociais, históricos, econômicos, psicológicos, visto que a eles está intrinsecamente ligada.

Em *O espírito das roupas*, Gilda de Mello e Souza faz um estudo sobre a moda no século xix e apresenta vários trechos de romances brasileiros desse período e, por consequência, trabalha também com alguns romances de Machado de Assis. Mas a autora não trabalha especificamente com o autor, nem também com o tema aqui proposto: relacionar a moda à construção literária, indicar o seu efeito de composição irônica na narrativa de *Dom Casmurro*. Este trabalho pretende mostrar que a ambiguidade presente no romance, que indica a ironia, também está presente na moda, pois esta também possui uma carga de instabilidade e ambiguidade que é instaurada na obra.

Para o desenvolvimento do trabalho, pretendemos inicialmente avançar sobre os conceitos ligados à moda e para isso utilizaremos aportes teóricos de estudiosos da moda e de áreas correlatas, pertinentes para esta pesquisa. Tais conceitos serão apresentados no Capítulo 1, quando abordaremos a moda sob os seguintes aspectos: definições da nomenclatura ligada à moda, função e uso da moda, moda ligada à arte, à linguagem, ao tempo cronológico, à autoficção, à literatura, ao teatro.

No Capítulo 2 aprofundaremos a compreensão da estrutura de jogo possível de ser observada em *Dom Casmurro* e procuraremos demonstrar através de exemplos como a indumentária parece contribuir para a constituição de contornos para as personagens, bem como para a construção de estruturas narrativas que privilegiam a ironia e a ambiguidade.

Nesse percurso será possível também vislumbrar as questões políticas, sociais e culturais do século XIX, momento histórico em que se constitui o tempo da narrativa, pois essas questões afetam o mecanismo de funcionamento da moda e fatalmente surgirão como justificativa para a construção da imagem do masculino e do feminino no período.

Machado de Assis e *Dom Casmurro* serão abordados no Capítulo 3, momento em que analisaremos a ironia e o estilo machadianos, bem como as estratégias narrativas do narrador e seu jogo com o leitor, tendo em mente, especialmente, os registros realistas da moda presentes no romance que fariam parte do jogo irônico com que se constrói o texto.

O trabalho se configurou como uma das possíveis interpretações da obra machadiana *Dom Casmurro*. A análise do descritivo da indumentária das personagens e das peças de moda inseridas em trechos da narrativa associados à ideia de biografia que o narrador aparentemente desejou imprimir às suas memórias configuram-se como estratégias narrativas que dão os contornos desejados pelo autor às personagens. Mas, ao contrário do que seria de se esperar, não há fixação de sentidos e sim ambiguidades, o que indica a instabilidade da moda no romance como parte do jogo irônico ali presente.

CAPÍTULO 1

MODA E LITERATURA

Moda

O FENÔMENO MODA pode ser observado através de diversos pontos de vista oferecidos pelas ciências humanas: econômico, psicanalítico, semiológico, filosófico e moral, histórico e sociológico. Cidreira (2005) faz uma análise desses pontos de vista pelos quais a moda pode ser contemplada, privilegiando alguns autores que ao longo da história se debruçaram sobre o tema. Na perspectiva econômica: o consumo de moda, fator de estratificação e segregação social (Veblen, Bell); na psicanalítica: a vestimenta como "sintoma de um estado psíquico", mediante as escolhas inconscientes que um paciente pode fazer em seu modo de vestir e também no uso da moda como "linguagem do corpo e dos desejos", como construtora de uma identidade segundo os preceitos freudianos; na semiológica: enquanto "signo da sociedade", tendo Barthes como referência obrigatória filosófica e moral: numa perspectiva "do que é admitido e do que é interdito", numa análise da moda como objeto-signo (BAUDRILLARD, 1996) e ainda como algo que recorre ao individualismo exarcebado das sociedades modernas ligadas ao consumo e comunicação de massa (Lipovetsky); histórica: transparece nas artes que se utilizaram da vestimenta como o teatro e a pintura, entre outras que usaram de "elementos figurativos da cor local" e a perspectiva do historiador que, na busca do "espírito geral de um tempo", analisou a forma vestimentária dessa época; sociológica: para Cidreira talvez seja esta a abordagem que traga mais elementos para a compreensão do fenômeno da moda, sendo que mais do que uma função utilitária, a vestimenta possui várias outras funções dentro da "dinâmica social".

Para o desenvolvimento do trabalho, além de observar os aspectos propriamente literários de *Dom Casmurro*, de Machado de Assis, este livro privilegiará o viés semiológico, histórico e sociológico, sabendo que a compreensão do objeto de estudo não se faz isoladamente, mas mediante a interação entre as diversas áreas do conhecimento.

A moda será, então, estudada aqui como um fenômeno semiológico, histórico e sociológico, capaz de apontar características culturais e sociais de um determinado povo e, mais profundamente, também capaz de demarcar o tempo, expor aspectos da personalidade das pessoas e da época em que viveram, explicitando ainda alterações em suas personalidades ao longo de suas existências, e servindo, assim, à construção literária.

No que se refere ao aspecto sociológico da moda é preciso ressaltar que o momento político, social e cultural vivido pela sociedade no século XIX reflete as questões de distinção social e imitação da época. Recorremos novamente à Cidreira (2005) que aponta para essas conclusões, através do estudo de autores como Herbert Spencer (1854) que fala da "submissão dos homens às leis das aparências" e "as conveniências de moda, como relação social, a tensão entre imitação e diferenciação social"; Gabriel de Tarde (1890) que considera "a moda como um meio de representar os seres em uma sociedade e de criar o presente social, espécie de veneração coletiva da novidade pelo processo de imitação entre os homens"; Georg Simmel (1905) que "vai tratar das relações entre o pertencimento ao grupo e distinção através do fenômeno da moda"; Pierre Bordieu (1979) para quem a distinção torna-se o motor da "economia dos bens simbólicos do qual a moda constitui uma das manifestações." (CIDREIRA, 2005, p. 27-8) Cidreira

Moda e literatura

denomina esse aspecto da moda como "paradigma da distinção social", mas o faz tentando entrever uma nova forma de entender a moda: como um fenômeno que possui uma dimensão *"formante"*, que oferece "uma representação sensível e metafórica do projeto antropológico percorrido pela pessoa, estilizando-a num personagem social, inscrito numa ambiência particular." (CIDREIRA, 2005, p. 29)

Essa perspectiva é a de que a moda não possui um "sentido vestimentar" isolado, mas aponta uma relação direta entre indivíduo e sociedade, o que leva a autora a propor uma visão da vestimenta como "uma forma estética e simbólica e, enquanto tal, como expressividade plástica de uma identidade situacional e projetiva." (CIDREIRA, 2005, p. 30) Nesse sentido, segundo a autora, a moda (ou a vestimenta) não pode ser vista como uma linguagem devido ao seu aspecto de código.[1]

Mas, sabendo que a linguagem em movimento, no espaço literário, não possui esse aspecto de código, duro e inflexível, com significados amarrados, e que, assim, sua dinâmica é muito mais escorregadia e evanescente do que propõem a gramática e as normas cultas, que a palavra literária é tão inapreensível, "indistinta plenitude que está vazia" (BLANCHOT, 1987, p. 17), nos sentimos livres para pensar a moda também como essa linguagem e, por que não, como possuidora de um código – ruidoso como o desta, às vezes difícil de ser compreendido e interpretado, às vezes desejoso de não o ser. E, nesse sentido, queremos ressaltar a natureza ambígua e contraditória da moda, que embora pretenda mostrar (ou significar) algo, termina por promover uma distorção que torna impossível apreender uma significação única.

---

1 "O pensamento da autora pressupõe a existência de algo além de um significado definido previamente para o vestimenta e que "a peça vestimentar não pode ser concebida como um mero transmissor." (CIDREIRA, 2005, p. 29)

Moda, vestimenta e indumentária

O surgimento do conceito de moda, segundo Braga, deu-se entre o fim da Idade Média e o início da Idade Moderna, na corte de Borgonha, que na época não pertencia à França, mas que hoje integra seu território:

> Ali, a dinâmica de criação pelos integrantes da corte e a cópia pelos burgueses fez surgir a ideia de sazonalidade para as roupas e, consequentemente, o nascimento da ideia de constante mutação que caracteriza o universo das aparências por meio das roupas e complementos. A realidade de mudança constante é um dos principais fatores que caracterizam o conceito de moda. (BRAGA, 2006, p. 82)

Esse período histórico definido por Braga para o surgimento do conceito de moda trata-se do momento em que as características principais do que temos como moda hoje inicialmente foram traçadas.

Catellani define assim a moda:

> Modo temporário de se vestir, regulado pelo gosto e pela maneira de viver de determinado grupo humano, em determinado momento histórico. Moda é a forma que o vestuário adota em determinados momentos, influenciada pelos movimentos artísticos, econômicos, sociais, políticos e religiosos que o mundo experimenta. (CATELLANI, 2003, p. 339)

Essa definição privilegia o aspecto de interligação que a moda possui com os acontecimentos de seu tempo e pela diferenciação que é feita entre moda e vestuário. Isto é, o vestuário é algo que está dentro

Moda e literatura

do universo da moda, enquanto produto, bem utilizável e esta pode ser compreendida como um fenômeno subordinado ao seu tempo. Cidreira lembra que, ao relacionarmos moda com "maneira, modo individual de fazer, ou uso passageiro que regula a forma dos objetos materiais, e particularmente, os móveis, as vestimentas e a coqueteria" (CIDREIRA, 2005, p. 30), ocorre uma transação linguística em que a língua inglesa "recupera a palavra francesa *façon* (modo)" e então a transforma em *fashion* que é como a moda é denominada nessa língua.

Calasibetta tem a seguinte definição de *fashion*:

> Fashion 1. The contemporary mode in wearing appareal or accessories as interpreted in textiles, fur, leather, and other materials. In the broader sense it also involves the designing, manufacturing, promotion, and selling of such items. High fashion denotes the mode of the moment; the current styles in apparel and accessories. These styles usually change from one season to the next. 2. All the clothes and accessories worn during a given historical period.[2] (CALASIBETTA, 1988, p. 205)

Por meio dessas definições fica claro que a moda está relacionada com repetição, isto é, com o uso repetido de determinados produtos que acabam recebendo o *status* do que "está na moda", daquilo que é do desejo do momento, estatisticamente comprovável. De forma ambígua a moda pode ser associada assim ao desejo de imitação, que está relacionado ao desejo de socialização, de pertencer a determinado grupo, mas

---

2 Moda: 1. O modo contemporâneo no uso de trajes e acessórios materializado em tecidos, pele, couro, e outros materiais. Em sentido mais amplo também envolve o design, manufatura, promoção e venda destes itens. Alta moda denota o costume do momento; os estilos atuais em trajes e acessórios. Estes estilos usualmente mudam de uma estação para outra. 2. Todas as roupas e acessórios usados durante um dado período histórico. (Tradução minha)

também ao de individualização, de ser único, de se expressar através de seu próprio corpo, de se destacar dos outros indivíduos. Segundo Cidreira, é somente quando se reconhece esse "potencial mimético associado ao culto do novo" presente no universo da moda, que podemos compreender sua força e presença na cultura ocidental mediante a introdução e solidificação do regime capitalista nas sociedades modernas. (CIDREIRA, 2005, p. 36)

Há também, no âmbito da conceituação dos termos moda, ou do inglês *fashion*, uma relação direta com a roupa ou vestimenta que está sendo usada no momento, aquilo que "está na moda", que está sendo "lançado na estação", isto é, em uso agora, no presente, em oposição ao que já passou, a roupa que foi usada na estação passada e que já não "está mais na moda", "caiu de moda". A moda de um tempo é então, aquilo que se usava naquele tempo, cotidianamente, e que, com o passar dos anos, pode ser identificada historicamente como demarcadora daquela época. Esse é o potencial de registro histórico que a moda possui, sendo que, mesmo passados séculos, uma determinada época pode ser identificada através da observação das peças de vestuário utilizadas nesse período.

Essa "morte" de uma determinada moda, isto é, o desuso de determinadas peças em função de novas que virão, expõe o caráter cíclico da moda. Trata-se de um fenômeno que só se realiza em função da renovação. Morte e vida.

Segundo Catellani, indumentária seria a "história, arte e sistema de vestuário, em relação a determinada época ou povo" (CATELLANI, 2003, p. 329). Sabino amplia esse conceito:

> Indumentária: Conjunto de roupas usadas pelos diversos povos nos diferentes momentos da história da humanidade.
>
> O estudo da indumentária, decorativa ou simplesmente adotada como proteção ao corpo, traduz os usos e costumes dos

Moda e literatura

incontáveis povos do planeta, mostrando suas origens e relacionando-os aos inúmeros séculos vividos por homens e mulheres. A partir do final do século XVII, a indumentária e a moda passaram a caminhar juntas. (SABINO, 2007, p. 340)

Esse é um termo que será utilizado aqui para apontar a vocação do vestuário como forte demarcador de tempo. Sabino destaca que o estudo da indumentária alcança a compreensão dos usos e costumes de determinado povo, relacionando-o a determinada época.

O termo traje é também usado para roupa, vestimenta, segundo Catellani (2003), sendo a palavra *trager*, atual verbo trazer, no sentido de trazer algo para si, bastante pertinente ao que compreendemos aqui como um aspecto importante do espaço criado pela moda: criar identidades ao fazer/trazer algo para si. Vemos então que a associação dos dois verbos – fazer e trazer – à moda, explicita a sua condição ativa, de movimento, sendo esse movimento inerente à sua essência. Pretendemos apontar neste trabalho a existência desse movimento do fazer/trazer algo para si também presente na indumentária das personagens de *Dom Casmurro*, de Machado de Assis, expondo como o seu uso, muitas vezes feito de forma contraditória, cria identidades marcantes para José Dias, Capitu e Escobar, colaborando para a manutenção da ironia na obra.

Outros termos que fazem parte do universo da moda e que poderão ser utilizados são: vestimenta, "peça de roupa que veste qualquer parte do corpo (...) ornamentos ou vestes sacerdotais e monárquicos, usados em atos solenes" (CATELLANI, 2003, p. 349); vestuário, do latim *vestuarius*, "conjunto de peças de roupa", que se refere também "a qualquer roupa ou traje que se usa sobre o corpo" (CATELLANI, 2003, p. 349); figurino, "figura ou estampa que representa o traje da moda", e é também "o conjunto de trajes criados para peças de teatro, cinema, televisão, balé, escolas de samba e diversas manifestações artísticas populares." (CATELLANI, 2003, p. 327).

Moda: função e uso

Segundo Flügel (1966), há um consenso de que as roupas servem para três finalidades principais: enfeite, pudor e proteção. Essa é uma questão importante para qualquer pesquisa que tenha ligação com temas da moda, pois é preciso compreender os motivos que levaram o homem a se cobrir, que tipos de necessidades o levaram a isso e como essa atitude modificou totalmente os rumos da humanidade. Devemos, primeiramente, identificar no homem uma adoração por objetos de adorno, para seu corpo e para o ambiente em que vive, podendo estes serem utilitários ou não. Vejamos o que há em Flügel sobre esse aspecto da moda:

> A primazia da proteção, como motivo para o uso de roupas, tem poucos defensores; estudantes de humanidades parecem relutantes em admitir que uma instituição tão importante como a roupa tenha tido uma origem tão puramente utilitária. À parte o fato de que a raça humana tenha provavelmente tido sua origem nas regiões mais quentes da terra, o exemplo de certos povos primitivos existentes, notadamente os habitantes da Terra do Fogo, mostra que a roupa não é essencial, mesmo num clima úmido e frio. (...) Ao pudor, além de parecer gozar da autoridade da tradição bíblica, foi concedido o primeiro lugar por uma ou duas autoridades no campo puramente antropológico. A grande maioria dos estudiosos tem, sem hesitação, considerado o enfeite como o motivo que conduziu, em primeiro lugar, à adoção de vestimentas, e considera que suas funções de preservação da temperatura corporal e pudor, se bem que posteriormente tenham adquirido enorme importância, sòmente foram descobertas depois que o uso delas se tornou habitual por outras razões. (FLÜGEL, 1966, p. 12)

Moda e literatura

O autor afirma ainda que não há como o psicólogo contrariar o antropólogo, tendo este no enfeite um motivo primário e mais importante que o pudor e a proteção: dados antropológicos demonstram que "entre as raças mais primitivas existem povos sem roupa, mas não sem enfeites." (Flügel, 1966, p. 13)

Parece, portanto, que o ser humano precisa de enfeites. Para se diferenciar, se referenciar, se destacar, se identificar. Há também outro fato importante que Flügel identifica e que é a "ambivalência" referente à nossa atitude frente ao uso de roupas: ao mesmo tempo que queremos cobrir o nosso corpo por vergonha ou pudor, queremos também enfeitá-lo para exibir nossos atrativos. Há então no ser humano duas tendências contraditórias, mas não incompatíveis, que estão relacionadas a essa oposição entre enfeite (exibicionismo) e pudor.

Esse é um ponto importante que não pode ser negligenciado, pois demonstra que a moda é também um espaço onde a ambiguidade, a contraditoriedade, o embate entre sensações e sentimentos opostos, mas não incompatíveis, podem se manifestar. É do autor o seguinte pensamento:

> As roupas, como artigos inventados para satisfazer as necessidades humanas, estão essencialmente na natureza de uma transação; são um expediente engenhoso para o estabelecimento de certo grau de harmonia entre interêsses conflitantes. (Flügel, 1966, p. 16)

Flügel diz que o uso de roupas em seus aspectos psicológicos se assemelha ao "processo pelo qual um sintoma neurótico se desenvolve." Isso devido ao aspecto de transação ali existente, "à reciprocidade de impulsos conflitantes e grandemente inconscientes." O autor dá um exemplo de transação de tendências quase idênticas como as que podem ser observadas nas roupas: "os ataques de rubor psicológico (...) são, de um lado, exageros dos sintomas normais de vergonha, mas por outro lado

(...) chamam a atenção para o paciente e, assim, satisfazem seu inconsciente exibicionismo." Diz então, o autor: "as roupas se assemelham a um perpétuo rubor sobre a face da humanidade." (FLÜGEL, 1966, p. 16)

Pretendemos compreender esse aspecto do uso de roupas, isto é, o quanto esse uso é intencional e ao mesmo tempo inconsciente; o quanto intencionamos "dizer" algo através do uso de nossas roupas, ao mesmo tempo que o dizemos sem "querer"; o quanto queremos nos mostrar de determinada forma, culminando às vezes por nos mostrar de outra. Podemos pensar então que a roupa em uso tem o poder de criar uma imagem, ao mesmo tempo consciente e inconsciente, que leva à ficcionalização do sujeito, ou à autoficção. Isso na medida em que percebemos a palavra ficção como relacionada ao ato de fingir, ao imaginário, à fantasia, à criação.

O que acontece então quando o poder de autoficção da moda se faz presente numa personagem ficcional? Ainda mais as que vivem no universo ficcional criado por Machado de Assis, em criaturas como Capitu ou José Dias, quase humanas em sua existência palatável pelas palavras, e também fragmentadas, da mesma forma, pelo texto literário?

Esse é um aspecto importante da indumentária que aparece no romance *Dom Casmurro*, de Machado de Assis: o contraditório, o ambíguo, o dito de uma forma e mostrado de outra, a face coberta por máscara. Nas palavras do narrador Dom Casmurro sobre Capitu: "uma estava dentro da outra, como a fruta dentro da casca."[3] (p. 234) A casca que oculta a fruta, que a mascara, que a torna enigmática e insolúvel, é a indumentária, capaz de ocultar, ao mesmo tempo que revela segredos e desejos.

---

3   Assis, 1960, p. 234. Todas as citações do romance serão desta edição, indicadas doravante somente pelo número das páginas.

Moda e arte

Outro aspecto importante para a compreensão do espaço criado pela moda é a sua visão como arte: como atitude artística e como objeto de arte. Para tanto nos valeremos agora de alguns conceitos de Souza (2001) a esse respeito. Diz a autora:

> A moda é um todo harmonioso e mais ou menos indissolúvel. Serve à estrutura social, acentuando a divisão em classe; reconcilia o conflito entre o impulso individualizador de cada um de nós (necessidade de afirmação como pessoa) e o socializador (necessidade de afirmação como membro do grupo); exprime ideias e sentimentos, pois é uma linguagem que se traduz em termos artísticos. (SOUZA, 2001, p. 29)

Esse é um conceito muito interessante sobre a moda e sua potencialidade, isto é, enquanto fenômeno que atua na subjetividade do sujeito e tem proximidade com a arte e suas manifestações.

Ao avaliar os aspectos que poderiam ou não fazer da moda uma arte, Souza (2001), classificando-a de "fenômeno", expõe a sua sensibilidade a transformações sutis do gosto, a sua ligação a elites do dinheiro e o fato de ser manobrada por costureiros que têm por talento principal conhecer "a fraqueza humana e a fraqueza feminina em particular." (SOUZA, 2001, p. 29) Aponta assim uma espécie de "futilidade" associada a esse fenômeno. Cita também as transformações que ocorreram na moda em função da industrialização, da democracia, quando passa a fazer parte da vida de um público muito mais numeroso e muito menos exigente. Mas também a arte passou por esse processo e passa até hoje a cada vez que o mundo se transforma num só povoado.

Refletindo sobre o assunto, conclui a estudiosa:

> Se a moda depende das condições sociais e utiliza em larga escala – convenhamos – a propaganda e as técnicas da indústria, nem por isso deixa de ser arte. No jogo entre o modista e o freguês encontramos apenas, de maneira mais nítida e mais necessária, a ligação entre o produtor e o consumidor de arte. Mas hoje como ontem, fechado em seu estúdio, o costureiro, ao criar um modelo, resolve problemas de equilíbrio de volumes, de linhas, de cores, de ritmos. Como o escultor e o pintor ele procura, portanto, uma Forma que é a medida do espaço e que, segundo Focillon, é o único elemento que devemos considerar na obra de arte. Harmoniza o drapeado de uma saia com o talhe das mangas, traçando um "conjunto coerente de formas unidas por uma conveniência recíproca". Respeita o destino da matéria, a sua "vocação formal", descobrindo aquela perfeita adequação entre a cor e a consistência do tecido e as linhas gerais do modelo. Como qualquer artista o criador de modas inscreve-se dentro do mundo das Formas. E, portanto, dentro da arte. (Souza, 2001, p. 33)

A autora compara o trabalho do costureiro na criação de um modelo ao de um escultor ou pintor, ressaltando a relação do artista que trabalha a matéria "fechado em seu estúdio". No caso do costureiro essa matéria é composta de tecidos, aviamentos entre outras e se transformará numa peça de vestuário que terá como suporte o corpo humano. Diferente do pintor que tem como matéria tintas, telas e, como suporte, paredes. Talvez seja esse o diferencial que traz tanta dúvida sobre a visão da moda como objeto de arte: ela está para ser vestida, sua carga de informação será agregada a uma imagem pessoal que a tornará única, pois, um vestido é para cada mulher um fim.

Interessante também é a associação que Souza aponta entre a moda, a arquitetura e a pintura: estuda um ensaio de Gerald Heard[4] em que o autor demonstra uma profunda relação entre as formas utilizadas por essas três áreas. Utilizando o ponto de vista "evolucionista", as formas teriam "vida autônoma" e evoluiriam "segundo uma trajetória inevitável. Em determinado momento, portanto, as artes apoderar-se-iam de uma Forma que estaria no ar e que se fixaria primeiro na arquitetura e logo a seguir na vestimenta." (SOUZA, 2001, p. 34) A autora exemplifica o estudo de Heard comentando que, em 1175, após o aparecimento do gótico, surgiram as primeiras aplicações da forma gótica na vestimenta. É interessante o que a autora diz relativamente a esse aspecto, sobre o século XIX, momento histórico vivido em *Dom Casmurro*, de Machado de Assis:

> O advento da era industrial não destruirá a correspondência[5] e o século XIX irá explorar a forma cilíndrica. Os temas invariáveis do industrialismo, abóbadas, túneis, reservatórios de gás, chaminés de fábricas, imprimem-se no subconsciente e o homem também se torna cilíndrico, com suas calças, a cartola e sobrecasaca. "A arquitetura afetou a roupa, as roupas modificaram a anatomia." (SOUZA, 2001, p. 34)

Esse é o processo pelo qual autora autentica a moda como expressão de arte. De uma forma subconsciente, essas formas demarcadoras de uma época são introjetadas pelos artistas e suas obras se transformam, então, em expressão dessa época. Pensamos que vale tal raciocínio para todas as formas artísticas: pintura, escultura, literatura etc. A autora cita

---

4 "Narcissus: an anatomy of clothes. (SOUZA, 1987, p. 34)"

5 A correspondência citada é a que acontece entre as formas usadas na arquitetura e na moda.

James Laver que diz: "cada época possui suas unidades estéticas básicas, que se refletem nas diversas artes contemporâneas." (SOUZA, 2001, p. 35)

Souza termina esse estudo dizendo que "não é possível estudar uma arte, tão comprometida pelas injunções sociais como é a moda, focalizando-a apenas nos seus elementos estéticos." É preciso vê-la inserida em seu momento e em seu tempo, buscando descobrir as "ligações ocultas que mantém com a sociedade." (SOUZA, 2001, p. 50) Esse é um pensamento corrente entre estudiosos da moda: não há como estudá-la isoladamente, mas sim em um contexto.

Ao pensarmos a moda e a arte na atualidade, poderíamos vislumbrar questões que deixam vários estudiosos divididos: o que é arte hoje? Quais as formas de expressão artísticas válidas para o nosso século? Poderemos pensar que é arte um fenômeno tão ligado ao consumo e à publicidade como a moda? E a arte não se alia também à publicidade? Esse não é, entretanto, o tema deste estudo; ficaremos por isso no século XIX, quando a moda poderia ser vista como representação artística.

A linguagem da moda

A moda pode classificar e definir pessoas dar-lhes identidade, personalidade, torná-las únicas ou integrantes de grupos sociais definir seu sexo, idade e ideias políticas, revelando informações importantes, mas nem sempre verdadeiras. Nesse sentido, Barthes (1979) lembra que a moda pode dar à pessoa uma dupla postulação: a de conferir-lhe a individuação ou a multiplicidade. Essa multiplicidade de que fala o autor é a multiplicação de pessoas num único ser, o que é considerado pela moda como um índice de poder:

Moda e literatura

O acúmulo de pequenas essências psicológicas, muitas vezes até contraditórias, não é para a Moda[6] mais que uma maneira de dar à pessoa humana uma dupla postulação: de conferir-lhe a individuação ou a multiplicidade, segundo se considere a coleção dos caracteres como uma síntese ou, ao contrário, se atribua ao ser a liberdade de se disfarçar atrás de uma ou de outra dessas unidades [esportiva, de vanguarda, clássica etc]. Daí um duplo sonho, que a retórica da Moda põe ao alcance da mulher: de identidade e de jogo.

[...] a multiplicação de pessoas num único ser é sempre considerada pela Moda como um índice de poder; estrita, é você; terna, é ainda você; com os costureiros você descobre que você pode ser uma coisa e outra, levar uma dupla vida: eis o tema ancestral do disfarce, atributo essencial dos deuses, dos policiais e dos bandidos. (BARTHES, 1979, p. 241)

Esse jogo de que fala Barthes não é o "jogo do ser, a questão angustiante do universo trágico", (a questão da esfinge na qual há dúvida da própria identidade); é apenas aquele em que uma pessoa "eterna escolhe a diversão de um dia; é o último luxo de uma personalidade bastante rica para se multiplicar, bastante estável para jamais se perder." (BARTHES, 1979, p. 243)

O "disfarce", aquilo que nos permite encobrir ou ocultar algo através de alterações ou mudanças, está presente na moda como coisa essencial, pertinente e imprescindível. Mas o que é encoberto ou oculto acaba por revelar outras faces, ou mesmo aquelas que não podem ser ocultas. Quando? Vejamos alguns exemplos em *Dom Casmurro*, os quais serão

---

6   Barthes escreve *Moda* com inicial maiúscula no sentido do inglês *fashion*, com intenção de manter a oposição entre a *Moda* e uma *moda* (ingl.: *fad*) (Barthes, 1979, p. 3)

analisados no próximo capítulo: José Dias com suas calças brancas curtas esticadas por presilhas e seu rodaque de chita com ares de uma casaca de cerimônia; Capitu em seu vestido de chita apertado sonhando com saias balão que lhe fizessem uma "moça faceira" (p. 100); ou ainda os seus vestidos de baile que seduziam não só a Bentinho, mas aos homens de casaca que lhe roçavam os braços nos bailes que frequentavam.

O jogo em que a moda se configura tem como característica exteriorizar nossos sentimentos contraditórios. Ao se sentir bem, uma pessoa tende a manifestar esse estado na forma como se veste, nos cuidados com a aparência. Ao querer reclusão e sossego, a mesma pessoa tenderá a usar seu vestuário como uma camuflagem que a ocultará no meio da multidão. Podemos pensar então que o nosso exterior é uma manifestação de nossos sentimentos e pensamentos. Ou mesmo de como queremos que esses sentimentos e pensamentos sejam vistos pelas outras pessoas, usando o poder de manipulação da imagem pessoal em função de algo. Esse é um aspecto importante que é amplamente usado na narrativa de *Dom Casmurro*.

Ao analisar o aspecto descontínuo e cíclico da moda em sua obra *A troca simbólica e a morte*,[7] Baudrillard diz:

> Tudo hoje tem afetado seu princípio de identidade pela moda. Precisamente por seu poder de reverter todas as formas ao nada e à recorrência. A moda é sempre retrô, mas baseada na abolição do passado: morte e ressurreição espectrais das formas. É sua atualidade própria, que não é referência ao presente mas reciclagem total e imediata. A moda é paradoxalmente o não-atual. Ela sempre supõe um tempo morto das formas, uma espécie de abstração mediante as quais estas se tornam, como ao abrigo do tempo, signos eficazes que, como que por uma torção do

---

7   Título original: *L'échange symbolique et la mort*, Paris: Gallimard, 1976.

Moda e literatura 33

tempo, poderão voltar a assombrar o presente com sua não-atualidade, com todo o encanto do voltar-a-ser em oposição ao vir-a-ser das estruturas. Estética do recomeço: a moda é aquilo que retira frivolidade da morte e modernidade do já conhecido. Ela constitui o desespero de que nada dure, bem como o enlevo inverso de saber que, para além dessa morte, toda forma tem sempre a chance de uma existência segunda, nunca inocente, porque a moda vem devorar de antemão o mundo e o real: ela é o peso de todo o trabalho morto dos signos sobre a significação viva – e isso num maravilhoso esquecimento, num desconhecimento fantástico. (BAUDRILLARD, 1996, p. 112)

Esse pensamento de Baudrillard nos remete à característica maior da moda de se fazer em coleções semestrais/sazonais, e que, mesmo possuindo esse aspecto tão instantâneo (indício de algo que busca atingir os desejos mais imediatistas do ser humano), está também vinculada ao passado e sempre em recomeço diante das releituras de outras décadas a que a criação de moda se submete. O autor fala de uma "reciclagem total e imediata", que é esse resgate de objetos do passado que marcaram décadas e culturas e que surge na moda como releitura, mas que tem sempre um ar do novo, do moderno. Interessante é que na coleção seguinte esse "novo e moderno" passa também a fazer parte da galeria de objetos do passado que poderão ser revisitados num futuro com vistas a uma ressignificação. Por isso esse aspecto paradoxal ressaltado por Baudrillard de ser exatamente o "não-atual", pois a moda está sempre carregada de signos mortos que ressurgem com uma nova significação sem perder a anterior. Ocorre então uma mesclagem de sentidos, o antigo e o novo ressignificados. Assim a moda possui uma ligação íntima com a morte e com a vida, representada nesse ciclo eterno: novo, novo renovado, novo renovado que fica velho, e que é descartado, e surge outro novo resgatado de uma década anterior e que seguirá o mesmo processo sazonal de reciclagem. Na dinâmica da moda é preciso sempre morrer para renascer, o que a mantém sempre aberta a novos sentidos.

Há então uma espécie de instabilidade no mecanismo da moda que permite essas ressignificações. Na narrativa de *Dom Casmurro* pressentimos também uma instabilidade que não permite fixar nenhum sentido.

Ainda sobre a citação anterior, podemos dizer que o poder "de reverter todas as formas ao nada e à recorrência" de que fala o autor, se assemelha ao que possui a literatura: de transitar entre o real e o imaginário, de criar signos que também transitam entre o denotado e o conotado, de estraçalhar sentidos fixos e de estar num tempo não linear.

A moda então se constitui num espaço em que o passado e o presente se misturam e se condensam, ou em que não há como dizer o que é passado e o que é presente. Ali é possível a efemeridade duradoura da moda que, por seu aspecto cíclico, mantém-se num eterno retorno.

A instabilidade da moda

No sentido da moda enquanto inscrição histórica queremos retomar o pensamento de Cidreira:

> A partir do momento em que a moda (*fashion*) passa a ser vista como materialização de um esquema simbólico, ela concorre para estruturar historicamente as épocas, e ao fazê-lo ela tece um fio de comunicação no tempo. A indumentária assume uma responsabilidade informativa que dá conta dos diferentes períodos da civilização e da condição de vida dos homens socialmente constituídos. (CIDREIRA, 2005, p. 116)

Moda e literatura

Esse é também um importante aspecto da moda que permite analisar a indumentária do romance *Dom Casmurro*, de Machado de Assis. A autora indica a possibilidade de identificar historicamente uma época através da moda, partindo do princípio de que esta cria um "esquema simbólico" que "tece um fio de comunicação com o tempo". Paradoxalmente a moda também tem um aspecto atemporal, na medida em que se vale do processo morte/vida já descrito anteriormente. Isto é, podemos sim identificar historicamente uma época através da moda, mas também podemos perceber, nas diversas releituras que são feitas por esta, a sua não fixação num tempo e espaço definidos.

Na leitura do romance nos deparamos com várias "modas", reveladoras do seu tempo: o uso de presilhas, a gravata de cetim preto com um arco de aço por dentro e o rodaque de chita que José Dias porta como uma "casaca de cerimônia" (p. 29); os sapatos de duraque de Capitu; o vestido "à moda, saia balão e babados grandes", o qual Capitu afirma que gostaria de vestir quando Bentinho se tornasse padre e rezasse a sua "missa nova" (p. 99); o "chapéu de casada" (p. 179) e a escumilha com que Capitu "nem cobria nem descobria" os braços (p. 183); o vestido de D. Maria da Glória, mãe de Bentinho, um vestido escuro com um xale preto dobrado em triângulo "e abrochado ao peito por um camafeu" (p. 34); a imagem do pai de Bentinho no retrato com uma gravata preta de muitas voltas, "a cara toda rapada, salvo um trechozinho pegado às orelhas" (p. 34); o retrato de Escobar, em pé, "sobrecasaca abotoada, a mão esquerda no dorso de uma cadeira, a direita metida no peito" (p. 205); entre outros.[8]

Essas são peças características de uma época, que criam silhuetas e formas que nos remetem automaticamente ao seu tempo de uso. É impossível não associar os anos 1920 à mulher andrógina de cabelos curtos

---

8   As peças de vestuário citadas serão vistas em detalhes e conceituadas no decorrer deste trabalho.

e vestido de cintura baixa, sem realce de curvas, do mesmo jeito que é impossível não associar o século xix à silhueta ampulheta criada pelo espartilho e coletes de armação, e pelo uso das saias volumosas, armadas com crinolina ou anquinhas.

Da carga de instabilidade presente na moda se vale o autor de *Dom Casmurro* para assegurar o bom funcionamento de uma estratégia de criação narrativa comprometida com a manutenção de incongruências e ambiguidades, da ironia, enfim. A moda possui uma estrutura flutuante, que é marcada por determinadas características que a tornam possuidora de um espaço próprio: a capacidade de dar à pessoa o poder de identidade e de alteridade;[9] a transitoriedade entre passado e presente

---

9 Uma coleção, quando lançada em uma semana de moda, um desfile que tem seu espaço-tempo explicitados e definidos num convite ao público para que a conheça, marca também o instante da separação. Dali para frente a "criatura", uma coleção que assim toma para si a função de enunciado, de um dito – e também de um não-dito –, passa a não pertencer mais ao seu criador, o estilista/autor, pois dela se apropria seu público consumidor, o usuário, aquele que escolherá, comprará e usará as peças da coleção. Mas não como estas foram apresentadas naquele momento único, eternizado pela circunstância, agora com uma possível pluralidade de sentidos. Farão parte de uma nova história, de uma nova "coleção", aquela que pertence ao usuário, guardada na intimidade de seu guarda-roupa. As peças escolhidas irão reintegrar-se em novos significados, ressignificadas nas novas composições de que farão parte e no novo corpo (humano, imperfeito, imprevisível), distante da imagem glamourizada, espetacularizada do desfile e das modelos. Há uma relação de alterização do criador/estilista com a criatura/coleção, daquilo que o transforma em outro; algo que antes foi construído envolto nos significados e significantes do criador e que perde sua força unificadora e que, também, importa uma ressignificação por parte do usuário. O criador vê que o que era "eu" passa a ser "outro" e o usuário se sente também outro através de um objeto/moda que não pode mais carregar sua significação originária pura ao passar a fazer parte de uma coleção particular formada pelo armazenamento gradual de peças escolhidas e compradas separadamente pelo usuário, também em tempo e espaços diversos.

(e porque não também entre o presente e um futuro imaginado/fantasiado), que culmina por criar um tempo não linear, que pode ser acionado para identificar demarcadores desse tempo; a manipulação de signos que são, no processo, ressignificados; um trânsito possível entre o real e o imaginário. E é o poder conferido à moda, retirado dessa estrutura, que pressentimos em *Dom Casmurro*, de Machado de Assis.

O espaço da moda

O movimento da moda cria em torno de si um espaço próprio, que permite e assegura a autoficção do sujeito. Nesse processo de autoficcionalização, o sujeito cria para si personagens, ou ainda, pequenas personalidades avulsas que se manifestam exteriormente, no vestuário. Partimos então do pressuposto de que existe um "espaço" único da moda e que nele são possíveis manifestações autoficcionais do sujeito. Essas manifestações podem ser observadas nas relações do sujeito com as peças vestimentárias que utiliza no seu cotidiano, nos desfiles ou eventos-show de lançamento de coleções, no espaço ficcional do cinema, da música e da literatura.

Podemos, a título de exemplo, pensar numa pessoa despida de qualquer adorno ou vestimenta e depois "completá-la" com possíveis vestes que a tornariam várias. Escobar, por exemplo, se ao invés de vestir a sobrecasaca que portava no retrato que dera a Bentinho vestisse as peças referidas a José Dias: calças brancas com presilhas e rodaque de chita, poderíamos associar a essa personagem os mesmos adjetivos que usamos quando vestido de sobrecasaca? As características impressas na figura de Escobar pela sobrecasaca são diferentes das que porventura lhe seriam impressas pelas calças brancas com presilhas e rodaque de chita, traje de José Dias.

Podemos, portanto, perceber que o que vestimos nos "traduz", nos apresenta ao mundo em parte como nós queremos ser conhecidos e como nós somos realmente, expondo muitas vezes traços inconscientes de nossa personalidade, grafando em nossa imagem o nosso contexto de vida.

Segundo Castilho,

> [...] a moda, em seu aspecto lúdico, possibilita ao sujeito a protagonização de diferentes papéis sociais, como se ele fosse um ator capacitado a representar diversos papéis, conforme a cenografia e o direcionamento das cenas das quais participa. Essa ludicidade, por fim, contribui para que a moda se mostre como um dos elementos da estratégia de promoção individual, pertinente ao regime de visibilidade que o sujeito manifesta num dado contexto. (CASTILHO, 2004, p. 135)

Essa visão da autora sobre a ludicidade que está presente na moda possibilita ao sujeito ser protagonista de diferentes papéis sociais, posicionando-o como um ator frente a diversos papéis e cenografia, contribuindo assim para a compreensão do espaço criado pela moda.

Como dissemos anteriormente, ao abordar a moda como arte, o corpo é o suporte da vestimenta e esse aspecto da moda é fundamental para a compreensão do espaço criado por ela. Para Castilho, o corpo como suporte da moda submete-se a mudanças e alterações frenéticas, diferentemente da arte que oferece telas à pintura e pedras à escultura etc. "imortalizando" concepções artísticas de determinada época. Para a autora, as alterações e mudanças sofridas pelo corpo

> [...] articulam nos seus discursos uma adequação ao próprio ritmo da sociedade, que é alterado mediante um agir do sujeito, em razão de suas necessidades de presentificação no seu meio, os seus anseios em parecer/ser (projeções pessoais), e por causa de inúmeras possibilidades moventes. (CASTILHO, 2004, p. 133)

Para a concepção do espaço da moda, caracterizado principalmente por dar ao sujeito faces que exteriorizam manifestações de sua individualidade e de seu desejo de alteridade, bem como expressam aspectos referentes à sua condição no mundo, devemos então considerar o corpo como suporte e a indumentária como forma de expressão do sujeito no mundo. Este processo se realiza no espaço próprio criado pelo movimento da moda, que está situado entre o real e o imaginário, lugar de representação, de fingimento, em que é possível o jogo do ser e do (a)parecer.

A descrição de moda

Barthes (1979) propõe três tipos de vestuário: o vestuário-imagem, o vestuário escrito (ou descrito) e o vestuário real. O primeiro é apresentado em fotografias ou desenhos o segundo é o mesmo vestuário fotografado ou desenhado, mas descrito, transformado em linguagem. O vestuário real serve de modelo para guiar a informação transmitida pelos outros dois vestuários. O autor ressalta que a estrutura do vestuário-imagem é plástica, enquanto que a do vestuário escrito é verbal. A questão da estrutura de cada vestuário está relacionada às diferenças de materiais e de relações de cada um:

> [...] as unidades do vestuário-imagem estão situadas no nível das formas e as do vestuário escrito, no nível das palavras. Mas as unidades do vestuário real não podem estar no nível da língua, porque, como sabemos, a língua não é um decalque da realidade. (BARTHES, 1979, p. 4)

Ainda segundo o autor, há embreantes que fazem a passagem de um vestuário para outro:

O vestuário real não pode "ser transformado" em representação, senão por meio de certos operadores, que se poderiam chamar embreantes, pois que eles servem para transpor uma estrutura em outra, para passar, se se preferir, de um código a outro código. (BARTHES, 1979, p. 6)

Barthes afirma que cada vestuário possui uma estrutura particular – que está relacionada às diferenças de materiais e de relações de cada uma – e que cada um possui um código próprio. São os três embreantes: do real para a imagem, do real para a linguagem e da imagem para a linguagem. Então as três estruturas possuem "operadores de tradução bem definidos", que as fazem distintas entre si. No caso de Barthes, que tem como corpus de sua pesquisa os jornais de moda, há a vantagem de poder transmitir mensagens saídas de duas estruturas: icônica/imagem e falada/verbal, isto é, a fotografia de moda associada ao texto jornalístico que a acompanha:

[...] aqui um vestido fotografado, ali este mesmo vestido descrito, pode ele fazer uma notável economia, usando embreantes elípticos: não são mais aqui os desenhos do modelo nem os textos da receita de costura (vestuário real), mas simplesmente os anafóricos da língua, dados, ou sob o grau pleno – "este" tailleur, "o" vestido de shetland – ou sob o grau zero – rosa aplicada no cinto. (BARTHES, 1979, p. 7)

Já o texto literário não possui imagens paralelas, apenas as que se criarão na mente do leitor durante a leitura da obra, mas também ali são utilizados os artifícios da linguagem explorados por Barthes.

Daremos enfoque ao vestuário "representado" pela palavra, escrito como indicado por Barthes, mas num *corpus* diferente: não no jornal

Moda e literatura

de moda, mas numa obra de ficção. Sobre a escolha de seu *corpus* de trabalho o autor explica:

> [...] do ponto de vista metodológico, é a "pureza" estrutural do objeto que influi na escolha: o vestuário real é embaraçado por finalidades práticas: proteção, pudor, adorno. Essas finalidades desaparecem do vestuário "representado", que não serve mais para proteger, cobrir ou adornar, mas, quando muito, para significar a proteção, o pudor ou o adorno. [...] É só o vestuário escrito que não tem nenhuma função prática nem estética: é todo ele constituído em vista duma significação. Se o jornal descreve pela palavra um certo vestuário, é unicamente para transmitir uma informação cujo conteúdo é a Moda. Pode-se, pois, dizer que o ser do vestuário está inteiramente em seu sentido, é nele que se tem mais ocasião de encontrar a pertinência semântica em toda a sua pureza. O vestuário escrito não está sobrecarregado de nenhuma função parasita e não comporta nenhuma temporalidade incerta. (BARTHES, 1979, p. 8)

Na justificativa de Barthes podemos perceber que, ao descartar o vestuário real em detrimento do vestuário escrito, sendo este último uma espécie de vestuário "representado", o autor está em busca de um determinado vestuário: aquele que visa a uma significação. E ainda ressalta que essa significação está diretamente relacionada ao conteúdo de moda, sem compromisso com as funções denominadas pelo autor de "parasitas" a que o vestuário real está submetido e também sem estar sujeito a uma temporalidade incerta, visto que o jornal possui uma marca temporal definida.

Barthes propõe o seguinte questionamento:

> Que é que acontece quando um objeto, real ou imaginário, é convertido em linguagem? Ou, para deixar ao circuito tradutor a ausência de vetor de que já falamos: que é que acontece quando há encontro dum objeto e duma linguagem? Se o vestuário de Moda parece um objeto bem irrisório ante uma interrogação tão ampla, é bom pensar que é essa mesma a relação que se estabelece entre o mundo e a literatura. Não é ela a própria instituição que parece converter o real em linguagem e colocar o seu ser nessa conversão, exatamente como o nosso vestuário escrito? Aliás, não é a Moda escrita uma literatura? (BARTHES, 1979, p. 12)

Já Blanchot, em sua obra *O espaço literário*, ao falar do ato da escrita que promove o apagamento de quem escreve, diz da linguagem:

> Torno sensível, pela minha mediação silenciosa, a afirmação ininterrupta, o murmúrio gigante sobre o qual a linguagem, ao abrir-se converte-se em imagem, torna-se imaginária, profundidade falante, indistinta plenitude que está vazia. Esse silêncio tem sua origem no apagamento a que é convidado aquele que escreve. (BLANCHOT, 1987, p. 17)

Barthes fala do real convertido em linguagem e Blanchot da linguagem que se converte em imagem. Nos processos explicitados por esses dois autores, podemos pensar no vestuário como um objeto que, ao se converter em linguagem (literária), torna-se também imagem, aquela criada na mente do leitor, que assumirá a função de caracterizar uma personagem, defini-la e apresentá-la como quer o autor, dando-lhe aspectos enriquecedores que estarão associados à sua suposta personalidade, às suas atitudes enquanto elemento de um universo ficcional, ao seu trajeto na narrativa; o vestuário será, então, um elemento da construção ficcional. Ali, no espaço ficcional, não interessa o detalhamento perfeito ou a reprodução da realidade, mas é lá que se torna possível a construção de personagens que, em sua incompletude, são construídas através da reunião de fragmentos instáveis ou mutantes.

Como exemplo do processo em que o vestuário/objeto se torna palavra e depois imagem, pensemos em Capitu nos seus trajes simplórios descritos pelo narrador – seu vestidinho de chita desbotado e apertado, um lenço atado na cabeça, abatida. De imediato temos a figura de uma moça triste, ou doente, ou, como pensa Chalhoub (2007), passando pela experiência da menstruação. Essa imagem da personagem que é criada na mente do leitor entra em associação com o enredo da narrativa e colabora para a percepção da instabilidade da personagem:

> Estava abatida, trazia um lenço atado na cabeça; a mãe contou-me que fora excesso de leitura da véspera, antes e depois do chá, na sala e na cama, até muito depois da meia-noite, e com lamparina...
>
> -Se eu acendesse vela, mamãe zangava-se. Já estou boa.
>
> E como desatasse o lenço, a mãe disse-lhe timidamente que era melhor atá-lo, mas Capitu respondeu que não era preciso, estava boa. (p. 95)

O diálogo que se segue revela que Capitu estava sufocada, desassossegada, buscando uma solução para o seu problema – Bentinho ia mesmo para o seminário –, e se sentia sem forças e esperanças: "Capitu refletia, refletia, refletia..." (p. 96) Os traços vestimentários revelam e se agregam, assim, a outros elementos que caracterizam a personagem no romance.

Parece ser possível, portanto, estabelecer um paralelo entre a moda – representada no caso pela vestimenta de Capitu –, e o espaço literário, que nos apresenta personagens ficcionais, constituídas também de fragmentos reunidos numa lógica marcada pela ambiguidade e pela incompletude. É que tanto o sujeito quanto as personagens são capazes de se multiplicar e não se deixam apreender por completo, na vida e na ficção. É então notável que a ficção, através da fragmentação das personagens, que lhe é inerente, permita representar a incompletude e fragmentação do próprio ser humano, as quais também podem ser vislumbradas através do fenômeno moda.

A moda na literatura

Em *O espírito das roupas* (2001), Gilda de Mello e Souza estuda a moda do século XIX como um fato cultural e social e para isso usa muitas vezes a literatura brasileira para exemplificar e compreender a moda da época:

> Verdadeiros peritos (os romancistas da época) em matéria de roupa feminina, comprazem-se em descrições detalhadas de mangas, decotes, roupões frouxos, numa verdadeira volúpia de posse à distância. Conhecem o nome das fazendas, a bela nomenclatura das cores, ajustando aos corpos, com habilidade de modistas, fofos, apanhados e rendas. (MELLO e SOUZA, 2001, p. 72)

A autora situa Machado de Assis, entre outros autores, como um romancista que deixou marcados em sua obra os modos e costumes da sociedade da época em que viveu, o que pode ser observado através dos detalhes com que compunha suas personagens. Souza analisa também trechos de outras obras literárias, buscando compreender a vestimenta do século XIX e o que se pode extrair desta para conhecer a cultura, as diferenças entre os sexos, a luta entre as classes sociais, os questionamentos da época. A autora ainda nos diz sobre o montante do material disponí-

Moda e literatura

vel para análise da moda do século, reforçando a ideia da importância do uso dos romances para compreender a indumentária de uma época:

> É verdade que o panorama que teremos será sempre um pouco estático, e para completá-lo seremos obrigados a lançar mão das observações do sociólogo, das crônicas do jornal e, principalmente, do testemunho dos romancistas, cuja sensibilidade aguda capta melhor que ninguém, nos meios elegantes, o acordo da matéria com a forma, da roupa com o movimento, enfim, a perfeita simbiose em que a mulher vive com a moda. Thackeray, Balzac, Proust e os nossos romancistas brasileiros, Alencar, Macedo e Machado de Assis, dão-nos a visão dinâmica que nos faltava. (SOUZA, 2001, p. 24)

Parece assim, que a literatura ficcional é uma fonte de informações importante para complementar historicamente o estudo da moda de uma época, e que dessa literatura podem ser extraídos, além da moda, os costumes, o modo de viver da sociedade, o movimento sutil que ficou perdido em outras fontes.

Barthes, em seu *Sistema da Moda* (1979), anteriormente mencionado, e que tem como *corpus* de trabalho o jornal de moda, reflete sobre as descrições desta na literatura. O autor as considera fragmentárias demais e de época histórica variável para o fim a que se propõe, que é tratar da estrutura dos signos escritos da moda, distinguindo as unidades que esses signos compõem, em vistas à sua significação. O autor faz algumas análises interessantes sobre o rastreamento da ênfase na descrição de moda: a descrição de moda no jornal associada a uma imagem fotográfica, sendo que uma dá suporte à outra. O que julgamos importante a esse respeito é que Barthes considera o vestuário descrito como um vestuário fragmentado, e esta fragmentação é resultado de uma série de escolhas:

> De o vestido leve de "shetland" de cintura alta com uma rosa aplicada se nos dizem algumas partes (a substância, a cintura, o ornamento) e esquecem-se outras (as mangas, a gola, a forma, a cor), como se a mulher que usa essa roupa andasse vestida apenas com uma rosa e de leveza. É que, de fato, os limites do vestuário escrito não são mais os da matéria, mas os do valor. [...] um decote, um franzido, se são ditos, tornam-se vestuário de pleno direito, como se fossem todo um casaco. Aplicada ao vestuário, a ordem da língua separa o essencial do acessório, mas é uma ordem severa: envia o acessório ao nada do inominado. [...] a descrição institui, por assim dizer, um protocolo de desvendamento: o vestuário é desvendado segundo uma certa ordem, e essa certa ordem implica fatalmente certos fins. (BARTHES, 1979, p. 14)

O autor então denuncia que ao aparecer em uma descrição, o vestuário estará ali através de uma série de escolhas que estão fatalmente organizadas de acordo com certos objetivos. Pensamos que essa ideia vale para Barthes, bem como para uma análise do descritivo de moda numa obra literária.

Analisando tais conceitos podemos depreender no *Dom Casmurro*, de Machado de Assis, que, ao descrever o vestuário de Capitu de certa maneira, o autor o faz intencionalmente, isto é, de acordo com certos fins pré-definidos, com vistas à construção de determinadas características da personagem que serão marcadas pela ênfase dada por esse vestuário que é escolhido e descrito.

Então, se Capitu veste em um vestidinho de chita, meio desbotado e apertado na primeira parte do romance, quando ainda não se casara com Bentinho, está marcada uma provável intenção: destituir a personagem da ostentação da imagem externa típica da mulher oitocentista, os excessos da vaidade que seriam características naturais de uma moça de sua idade apagar os traços excessivamente femininos, os laçarotes, as rendas, tão esperados numa descrição de moça do século xix, ressaltando assim os masculinos, da simplicidade no vestir, do talento para a argumentação, raciocínio, manipulação. O autor parece optar por dotá-la dos elementos instáveis, que não poderiam ser amarrados num só sentido, pois pretenderiam promover e manter a ambiguidade característica da narrativa. Essa escolha implica na ênfase a alguns aspectos da personagem: "desmiolada", como sugere José Dias (p. 27), ou ainda "cigana oblíqua e dissimulada" (p. 63), ou "mais mulher do que eu era homem" (p. 73) como sugere o narrador? Como procuraremos analisar no próximo capítulo, a imagem construída de Capitu pelo descritivo de sua indumentária, que se reflete em uma escolha do autor, promove a duplicidade de sentidos que não nos permite dizer seguramente se era desmiolada, dissimulada ou manipuladora.

A presença da moda na literatura poderia assim ser relacionada ao que diz Candido (2002), quando afirma que os romancistas do século xviii aprenderam que a noção de realidade se reforça pela descrição de pormenores e os realistas do século xix levaram ao máximo essa utilização do espaço literário pelo pormenor como uma técnica de convencer pelo exterior, pela aproximação com o aspecto da realidade observada.

Nesse sentido, as descrições de moda no texto ficcional de *Dom Casmurro* funcionam como estratégias de criação literária: ao mesmo tempo que se constituem como forma de dar uma noção de realidade aos fatos narrados, e são também uma forma de enganar o leitor que busca nesses detalhes a segurança de uma verdade e de um sentido único que estaria na obra. São os jogos de enganos da narrativa irônica de Machado de Assis.

Marcas da representação no figurino de teatro

Esses jogos de enganos se acentuam em *Dom Casmurro*, diante das múltiplas referências ali presentes ao universo teatral – lugar de fingimento, de mascaramento, de ficção –, como a literatura e a moda.

Percebemos na obra a existência de uma atmosfera ficcional aberta que se constitui também por meio de referências ao universo teatral e de intertextos que se cruzam, muitas vezes para ludibriar o leitor manipulando sua opinião, como sugere Senna (2000) em relação a estes últimos. Há referências a algumas obras de Shakespeare, como *Macbeth* (p. 176) e *Otelo* (p. 124, p. 219); fala-se constantemente de personagens frequentando teatros, indicando um período do século XIX em que esse hábito passou a fazer parte da vida social; há capítulos que tomam ares de encenação teatral, anunciadas assim pelo autor, como por exemplo: "Eis aí outro lance, que parecerá de teatro, e é tão natural quanto o primeiro..." (p. 222), ou no capítulo LXXII, "Uma reforma dramática" e LXXIII, "O contra-regra", os quais serão analisados posteriormente. Em *Dom Casmurro*, a exposição da condição de ficção da obra literária e a presença do universo teatral permitem ao autor atitudes frente às personagens e ao cenário construído na narrativa que promovem a ambiguidade e a duplicidade de sentidos.

Diante dessa recorrência do teatro na obra, somos levados a questionar se a utilização da indumentária, como é efetivada nesta, também não carregaria as funções próprias do figurino de teatro. Para buscar uma resposta, pretendemos inicialmente analisar suas funções a partir de um ensaio de Barthes, "As doenças do trajo de cena", (1997). Nesse ensaio, o autor propõe alguns conceitos visando a análise do trajo[10] de cena.

---

10 Ou figurino, denominação atual para o vestuário utilizado para peças teatrais, como já exposto anteriormente.

O autor diz que podem ser bons ou maus, sãos ou doentes, dependendo da relação que tiverem com a peça teatral de que fazem parte.

Dentre as propostas apresentadas para a análise, está a de que se o trajo se constitui um "verismo arqueológico", tem uma doença que o autor considera de base, isto é, a hipertrofia da função histórica: "O trajo adequado, mesmo histórico, é, pelo contrário, um facto visual global; há uma certa escala de verdade, abaixo da qual não se deve descer, senão destruímo-la." (BARTHES, 1977, p. 77)

Sob esse aspecto, a obra de Machado de Assis, possui descrições vestimentárias que não estão em desacordo com o momento histórico vivido na narrativa. E mais ainda, não se apresentam em quantidades volumosas e por demais detalhadas, o que poderia constituir um defeito, de acordo com os conceitos barthesianos, pois levaria assim a ofuscar a história contada na narrativa. O traço vestimentário aparece, mas não ocupa a cena. O leitor quase não percebe estar construindo a imagem de Capitu também pelo seu descritivo. A indumentária é utilizada na obra sem detalhamentos desnecessários que visam a somente adornar a narrativa, mas esta vem carregada de indícios de quem a está vestindo, agregando à personagem características que virão beneficiar as estratégias narrativas do autor. Servem, portanto, a um fim, como comprovaremos no capítulo seguinte.

Nesse sentido, Barthes propõe a definição de um papel na cena teatral para o trajo puramente funcional, "mais de ordem intelectual do que plástica ou emocional." (BARTHES, 1977, p. 76) Vemos aí uma relação que ressalta a ligação do trajo com o que é tratado na peça:

> [...] o trajo não deve constituir um lugar visual brilhante e denso para o qual se evadiria a atenção, fugindo à realidade essencial do espetáculo, aquilo a que podemos chamar de responsabilidade; e depois o trajo não deve ser também uma espécie de desculpa, de

elemento de compensação, cujo êxito resgataria, por exemplo, o silêncio ou a indigência da obra. (BARTHES, 1977, p. 76)

A função intelectual que o autor aponta como essencial para o bom trajo de teatro é a argumentativa: "o trajo deve ser um argumento." Assim haverá um realce do valor semântico do trajo, aquele que não está unicamente para ser visto, mas também para ser lido, comunicando ideias, conhecimentos, sentimentos. Para Barthes, o trajo é assim um elemento de base, um signo, uma "célula intelectiva, ou cognitiva". (BARTHES, 1977, p. 82) O autor cita como "signo vestimentário" o trajo que expõe ao espectador o sentimento, a situação vivida pela personagem, usando como exemplo a narrativa das *Mil e Uma Noites*, quando o Califa Haroum Al Rachid se encolerizava, cobria-se com um manto vermelho, "o *signo* espectacular da sua cólera", "encarregado de transmitir visualmente aos súbditos do Califa um dado de ordem cognitiva: o estado de espírito do soberano e todas as consequências que ele implica." (BARTHES, 1977, p. 82) Barthes faz uma análise do teatro através dos tempos sob esse aspecto:

> Os teatros fortes, populares, cívicos, utilizaram sempre um código vestimentário preciso, praticaram amplamente aquilo a que poderíamos chamar uma política do signo: apenas lembrarei que entre os Gregos, a máscara e a cor dos ornamentos ostentavam antecipadamente a condição social ou sentimental da personagem; que no vestíbulo medieval e na cena isabelina, as cores dos trajos, em certos casos, simbólicas, permitiam, por assim dizer, uma leitura diacrítica do estado dos actores; e, por fim, que na *Commedia dell´arte*, cada tipo psicológico possuía como coisa particular a sua indumentária convencional. Foi o romantismo burguês que, ao diminuir a confiança

no poder intelectivo do público, dissolveu o signo numa espécie de verdade arqueológica do trajo: o signo degradou-se em pormenor, começaram a aparecer trajos verídicos e já não significantes: esse excesso de imitação atingiu o ponto culminante no barroco, em 1900, verdadeiro pandemônio do trajo de teatro. (BARTHES, 1977, p. 82)

Percebemos em Barthes a crença de que o trajo de teatro possui uma carga significativa encarregada de transmitir informações visuais. Para o autor essa é a força do "signo vestimentário", sendo que o excesso de significação, a falta de significação e a pouca significação indicam uma patologia do trajo. O trajo de teatro é, portanto, um assessório importante para o ator na criação da personagem, embora não deva sobressair-se demais deve sim ser um elemento de reforço na construção desta, de apoio nas situações dramáticas com que estará envolvida.

Em *Dom Casmurro*, de Machado de Assis, a presença marcante do universo teatral permite perceber que o funcionamento da indumentária na obra parece se valer de alguns aspectos do funcionamento do trajo de teatro como esses apontados por Barthes. Vejamos o que diz o narrador logo no início da obra sobre os acontecimentos, antes da tarde em que descobrira amar Capitu, através de José Dias:

Verdadeiramente foi o princípio da minha vida; tudo o que sucedera antes foi como o pintar e vestir das pessoas que tinham de entrar em cena, o acender das luzes, o preparo das rabecas, a sinfonia... Agora é que ia começar a minha ópera. "A vida é uma ópera", dizia um velho tenor italiano que aqui viveu e morreu (p. 35)

Para o narrador Dom Casmurro, tudo o que aconteceu antes da tarde em que descobriu amar Capitu, descoberta feita através de outro e não por si mesmo, seria uma preparação, como acontece nos bastidores de um teatro. Atores se preparando para as cenas, iluminação e música a postos: a sua vida como uma ópera, encenada após a descoberta desse amor. Este se coloca também, portanto, como ator, quando ainda era o jovem Bentinho. Mas o que percebemos no decorrer da narrativa é que o próprio narrador não se configura apenas num dos atores dessa suposta ópera, mas no dramaturgo e também no contraregra. E, para Dom Casmurro, quem tem esse acúmulo de funções na verdade é o destino: "O destino não é só dramaturgo, é também o seu próprio contra-regra" (p. 140).

O próprio narrador, segundo Caldwell (2002), afirma que a sua história é a de Otelo, referindo-se a *Otelo*, de Shakespeare; com a diferença de que a sua Desdêmona é culpada. No capítulo CXXXV, intitulado "Otelo", o narrador conta sobre uma ida ao teatro para assistir a uma peça, que dela só sabia o assunto, pois nunca a havia lido. Estimou apenas a coincidência:

> Vi as grandes raivas do mouro, por causa de um lenço, – um simples lenço! – e aqui dou matéria à meditação dos psicólogos deste e de outros continentes, pois não me pude furtar à observação de que um lenço bastou a acender os ciúmes de Otelo e compor a mais sublime tragédia deste mundo. Os lenços perderam-se, hoje são precisos os próprios lençóis; alguma vez nem lençóis há, e valem só as camisas. (p. 219)

Sentia o seu drama como o do mouro e saiu do teatro pensando:

> – E era inocente, vinha eu dizendo rua abaixo; - que faria o público, se ela deveras fosse culpada, tão culpada como Capitu? E que morte lhe daria o mouro? Um travesseiro não bastaria;

era preciso sangue e fogo, um fogo intenso e vasto, que a consumisse de todo, e a reduzisse a pó, e o pó seria lançado ao vento, como eterna extinção... (p. 219)

A presença de *Otelo* em *Dom Casmurro*, relacionada ao ciúme de Bentinho por Capitu, levantou a hipótese de Helen Caldwell que, segundo Candido (2004), é bastante viável por ser bem machadiana: Capitu era inocente, não havia traído o marido. O autor ressalta que, estando o foco narrativo nas mãos de Bento Santiago, não permite outra visão dos acontecimentos:

> [...] para a furiosa cristalização negativa de um ciumento, é possível até encontrar semelhanças inexistentes, ou que são produtos do acaso (como a de Capitu com a mãe de Sancha, a mulher de Escobar, assinalada por Lúcia Miguel Pereira). Mas o fato é que, dentro do universo machadiano, não importa muito que a convicção de Bento seja falsa ou verdadeira, porque a consequência é exatamente a mesma nos dois casos: imaginária ou real, ela destrói a sua casa e a sua vida. (CANDIDO, 2004. p. 25)

O autor de *Dom Casmurro*, como Shakespeare em *Otelo*, também utiliza um lenço como signo em sua obra. Para o segundo, o lenço aparece como o símbolo do amor de Otelo por Desdêmona, primeiro mimo presenteado à esposa, e que o mouro supõe ter sido dado a Cássio por sua mulher e o tem então como prova de traição. Já em *Dom Casmurro*, o lenço aparece na cabeça de Capitu, escondendo-lhe os cabelos que no capítulo anterior estavam sedutoramente soltos nos ombros, tendo sido motivo para o primeiro beijo. Esse lenço, como será analisado no capítulo seguinte, possui uma carga significativa importante, pois modifica sua aparência de forma incomum, ocultando algo que aparentemente ativa a vaidade e é uma arma de sedução.

Podemos perceber que a presença de *Otelo* na obra não visa então assegurar nenhuma versão ou conclusão final para esta, mas acaba por colaborar para a manutenção da instabilidade de sentidos e das incongruências, que são articuladas também através do vestuário das personagens.

Ao analisar os conceitos barthesianos sobre o trajo de teatro aplicados à construção das personagens ficcionais de *Dom Casmurro*, de Machado de Assis, percebemos que a indumentária possui na obra uma função argumentativa e, portanto, tem uma evidente importância na construção da ficcionalidade e dos jogos de enganos articulados pelo autor. Essa dimensão argumentativa contribui para a criação da dimensão psicológica das personagens e parece funcionar na obra como um jogo irônico de mascaramento e desmascaramento.

Acreditamos, portanto, que a presença marcante do universo teatral na obra propõe ao leitor se sentir muitas vezes espectador de uma peça que se encena, vendo nas personagens atores que simulam emoções, e que se cobrem de trajes significantes. O leitor é convidado a participar, de certa forma, da cena narrada – ao seguir e interpretar os caminhos da narrativa.

A indumentária, como foi utilizada em *Dom Casmurro*, parece ser também assim, uma estratégia do autor para garantir a coerência visual da imagem cênica da obra,[11] se pudermos pensar que a narrativa é ativada na mente do leitor na forma de imagens e que essas imagens são compostas de fragmentos que envolvem um cenário, atores e situações dramáticas que se constituem. Há uma atmosfera criada no romance que é favorável à teatralidade, à tragicidade, ao fingimento, ao mascaramento, e que utiliza para isso também a indumentária das personagens.

---

11   A expressão é de ROUBINE (1998), ao se referir à forma com que o figurino de teatro deve estar conectado à cenografia pictórica, quando nas mãos de um pintor.

CAPÍTULO 2

A SOCIEDADE E A MODA DO SÉCULO XIX: O JOGO IRÔNICO EM *DOM CASMURRO*

Neste capítulo focalizaremos o que se refere à sociedade e à moda do século XIX, momento histórico em que se situa a narrativa de *Dom Casmurro*, de Machado de Assis. Procuraremos apontar no romance os aspectos que permitem compreender a mentalidade da época pelo vestuário, visto que os eventos históricos têm seu reflexo na moda observaremos também como os registros referentes à moda funcionam como disfarce, como máscara, contribuindo para o jogo irônico que caracteriza essa obra machadiana marcada pela constante ambiguidade de sentidos.

O momento histórico e o tempo da narrativa

Alguns trechos do romance indicam o momento histórico da narrativa. Seu narrador, Bento Santiago, começa a obra dizendo dos motivos que o levaram a escrevê-la. No capítulo III, "A denúncia", explica o seu título e localiza o seu tempo:

Ia entrar na sala de visitas, quando ouvi proferir o meu nome e escondi-me atrás da porta. A casa era a da Rua Mata-cavalos, o mês novembro, o ano é que é um tanto remoto, mas eu não hei de trocar as datas à minha vida para agradar as pessoas que não amam histórias velhas; o ano era de 1857. (p. 27)

Quanto às personagens, "Basta a idade; Bentinho mal tem quinze anos. Capitu fez quatorze à semana passada; são dois criançolas." (p. 27) Outra referência a datas na obra se dá quando o narrador menciona seu casamento com Capitu: "Foi em 1865, uma tarde de março, por sinal que chovia." (p. 177) Também quando Escobar morre afogado, era março de 1871: "Nunca me esqueceu o mês nem o ano." (p. 206) Já no capítulo CXXXI, "Anterior ao anterior": "Começava o ano de 1872." (p. 214) Bentinho estava casado com Capitu e Ezequiel, seu filho, era ainda criança. Não há uma referência exata a datas que possam confirmar a idade do narrador, Dom Casmurro, mas podemos pensar que terá em torno de 50 anos de idade, conforme podemos observar na seguinte passagem da obra:

> Não, senhor meu amigo; algum dia, sim, é possível que componha um abreviado do que ali vi e vivi, das pessoas que tratei, dos costumes, de todo o resto. Esta sarna de escrever, quando pega aos cinquenta anos, não despega mais. (p. 110)

Então podemos deduzir que o tempo da narrativa está entre 1857 e 1872, e que seu narrador, Dom Casmurro, tem em torno de 50 anos ao escrever a obra, e a escreve já no fim da segunda metade do século XIX. É esse o período que nos interessa nesta pesquisa e é nele que nos deteremos.

A sociedade e a moda do século xix: o jogo irônico em *Dom Casmurro* 59

Configurações da sociedade e da moda do tempo

Veremos a seguir aspectos importantes da sociedade do século xix no que se refere à moda e aos costumes, para depois observar a sua presença na obra em estudo. Pretendemos perseguir o olhar do narrador sobre fatos relativos às personagens do romance, buscando identificar suas pretensões e a indicação da manipulação da informação a ser recebida pelo leitor, com vistas a estimular e manter um jogo irônico em que prevalecerá a ambiguidade, a encenação, o fingimento e a máscara.

Gilda de Mello e Souza (2001) nos apresenta o século xix como uma época particularmente adequada para se pesquisar a moda, pois trata-se de um período em que as imagens a serem pesquisadas (fotografias e ilustrações), as informações gráficas (jornais e revistas), os romances e obras literárias nos fornecem um panorama menos susceptível a falsas deduções do que nos períodos anteriores. Estas foram as diversas fontes nas quais a autora buscou a moda do século xix.

Como dissemos anteriormente, segundo Souza, o século xix explorou na moda a forma cilíndrica, forma esta que estava em evidência na arquitetura da era da indústria. Diz Alexandre Eulálio, no prefácio da obra da autora: "...'estúpido século xix' (...) 'século dos suspensórios', da fumaça das fábricas, das aglomerações em massa nas cidades, do capitalismo selvagem sem máscaras, dos levantes libertários, esmagados com violência." (Mello e Souza, 2001, p. 12) E ainda, sobre a moda do período:

> Não constituindo mais privilégio de casta, torna-se ela,[1] na sociedade dita "democrática", a diferenciadora por excelência de *status*, além de signo certeiro de "contemporaneidade"

---

1 A autora refere-se à moda.

cultural; a ela estarão umbilicalmente ligados os *happy few*[2] contíguos à informação em estado puro que significa dinheiro e poder. Agilmente manipulada conforme as coordenadas do consumismo, corolário da expansão industrial, a Moda torna-se adaptada ao grande público, com as gradações de qualidade e simplificação disso decorrentes. Estava portanto definido o seu ciclo enquanto conjuntura da modernidade. (MELLO e SOUZA, 2001, p. 13)

Seguindo essa linha de raciocínio, podemos concluir que a moda constitui-se como grande diferencial nesse século e que foi então que sua instantaneidade e fugacidade se tornariam mais evidentes, diante da necessidade de atender a esse novo e vasto público, ávido de novidades a consumir. Mas não se trata de uma total democratização da moda, pois ainda era possível diferenciar as pessoas em termos de classes sociais, entre elas e dentro delas:

> As diferenças que captamos[3] são o reflexo de profundos contrastes de tipo de vida, de nível social, de profissão, que os anos cristalizaram, impondo aos indivíduos como uma máscara. Elas fazem com que à primeira vista separemos não só o operário do burguês, como dentro de uma mesma classe o escritor do magistrado, o comerciante do fazendeiro, o professor do industrial. (MELLO e SOUZA, 2001, p. 55)

---

2   Tradução minha: privilegiados.

3   A autora fala das roupas de uma diversidade de pessoas a andar nas ruas.

A sociedade e a moda do século XIX: o jogo irônico em *Dom Casmurro* 61

Apesar das diferenças, não havia mais vestuário ou cor proibida a determinadas classes, como nos períodos anteriores,[4] e a moda tornou-se acessível a todas as camadas sociais, guardadas as devidas diferenças – o uso de tecidos, ornamentos e mão-de-obra de alto custo, como nos dias de hoje, são privilégios de pessoas com poder aquisitivo para tanto. E também, como nos dias de hoje, as variantes profissionais também mantêm certas diferenças na vestimenta. Souza nos diz ainda:

> [...] é no século XIX, quando a democracia acaba de anular os privilégios de sangue, que a moda se espalha por todas as camadas e a competição, ferindo-se a todos os momentos, na rua, no passeio, nas visitas, nas estações de água, acelera a variação dos estilos, que mudam em espaços de tempo cada vez mais breves. [...] O advento da burguesia e do industrialismo, dando origem a um novo estilo de vida; a democracia, tornando possível a participação de todas as camadas no processo, outrora apanágio das elites; as carreiras liberais e as profissões, desviando o interesse masculino da competição da moda, que passa a ser

---

4 "Várias sociedades elaboraram decretos, conhecidos como *leis suntuárias*, para prescrever ou proibir o uso de estilos específicos por classes específicas. No antigo Egito, somente aqueles da classe social alta podiam usar sandálias; os gregos e os romanos controlavam o tipo, a cor, e o número das peças do vestuário e o tipo de bordado com que podiam ser enfeitadas. Durante a Idade Média, quase todo aspecto do vestuário era controlado em certo lugar ou momento – embora, nem sempre com muito sucesso. A característica comum a todas as *leis suntuárias* – tais como os editais contra o emprego de certas palavras – parece ser a dificuldade de serem impostas por muito tempo. Leis sobre o que podia ser vestido e por quem continuaram em vigor na Europa até 1700, aproximadamente. Porém, à medida que as barreiras entre as classes se enfraqueciam e a riqueza passava a ser convertida em nobreza mais rápida e facilmente, o sistema pelo qual a cor e feitio designavam classe alta começou a cair." (LURIE, 1997, p. 129)

característica do grupo feminino – tudo isso tinha a vantagem de nos oferecer um período social bastante uno, de que a Revolução Francesa foi, de certa forma, o divisor de águas. (MELLO e SOUZA, 2001, p. 21)

A autora está nos mostrando uma nova situação social que é reflexo do progresso advindo da era do industrialismo, da democracia e do advento da burguesia, do surgimento de carreiras liberais e novas profissões, quadro que veio alterar profundamente o estilo de vida da sociedade e, consequentemente, a moda do período.

Veremos que o quadro exposto acima pode ser observado em *Dom Casmurro*, pela vivacidade da palavra literária, capaz de expressar os tipos humanos, as alterações sociais e políticas e, enfim, a cultura do período.

Figuras sociais: o comerciante e o advogado: Escobar e Bentinho

Temos em *Dom Casmurro* exemplos desse novo estilo de vida, no aspecto profissional, em Escobar e Bentinho, personagens que se tornaram, respectivamente, comerciante e advogado. É importante percebermos o que estas profissões, com seu modo particular de vestir, agregam às personagens e à sua história no romance. Ambos estudaram no Seminário de S. José[5] (p. 230), no Rio de Janeiro, mas os dois confessaram não

---

5 O narrador cita o nome do seminário na página 205. Sobre o Seminário de José: "Detendo o privilégio de ser o primeiro do Brasil, o *Seminário São José* foi fundado em cinco de setembro de 1739, pelo bispo D. Antonio de Guadalupe. Inicialmente localizado na encosta do então Morro do Castelo (fundos da atual Biblioteca Nacional e da Justiça Federal), ali permaneceu por cento e sessenta e oito anos, transferindo-se para o Rio Comprido, pouco tem-

A sociedade e a moda do século XIX: o jogo irônico em *Dom Casmurro*   63

querer seguir a carreira eclesiástica. Bentinho por estar apaixonado por Capitu e Escobar pelo comércio, como disse a Bentinho:

> Segrêdo por segrêdo; também eu tenho o propósito de não acabar o curso; meu desejo é o comércio, mas não diga nada, absolutamente nada; fica só entre nós. E não é que eu não seja religioso; sou religioso, mas o comércio é a minha paixão. (p. 146)

Ambos deixaram o seminário: Bentinho tornou-se bacharel em direito e Escobar dedicou-se ao comércio. No decorrer da narrativa podemos acompanhar o desenvolvimento profissional dos amigos, o que pode ser associado à construção de sua personalidade, de que faz parte o modo como eles se vestem. Escobar é descrito da seguinte forma:

> Era um rapaz esbelto, olhos claros, um pouco fugitivos, como as mãos, como os pés, como a fala, como tudo. Quem não estivesse acostumado com ele podia acaso sentir-se mal, não sabendo por onde lhe pegasse. (p. 115)

Assim está explicitada uma característica importante da personalidade de Escobar: difícil de apreender, olhos, mãos, pés, fala, tudo fugidio. Com esse descritivo podemos supor que o narrador está sugerindo que Escobar teria uma propensão à enganação e à dissimulação. Essa hipótese é confirmada por Chalhoub (2007), para quem Escobar tem "ideias aritméticas" (p. 166), isto é, possui habilidade para o cálculo, é uma personagem construída para evidenciar características manipuladoras e calculistas que podem sugerir ao leitor que esse amigo poderá trair Bentinho. Ou então, poderíamos comentar, essa é uma questão nunca

---

po antes da elevação da Diocese do Rio de Janeiro a Arquidiocese." Disponível em: http://www.seminariosaojose.org.br/historia.htm Acesso em: 23/07//07.

esclarecida de forma a colaborar para a ambiguidade da narrativa. No decorrer do romance Escobar vai prosperando no comércio, com o negócio do café, casa-se com uma moça amiga de Capitu, Sancha, filha de "um comerciante de objetos americanos" (p. 95). Chalhoub afirma ainda haver uma intenção do narrador em apresentar Escobar como um investidor corajoso, audaz, indo justamente buscar proventos numa área em expansão e sem as garantias e a segurança dos investimentos tradicionais.

Já Bentinho é apresentado como um jovem pertencente a uma família tradicionalista que, após a morte do patriarca, vendeu as propriedades rurais para fixar residência na cidade do Rio de Janeiro e passou então a investir em escravos e casas no centro. Chalhoub (2007) afirma que essa mudança no foco dos investimentos da família viria a afetar o desenvolvimento profissional e social da personagem, que diante de tais investimentos, fatalmente entraria em decadência econômica: na segunda metade do século XIX há um interesse dos ricos em morar na periferia, por causa de doenças como a cólera, que os afastam da orla marítima; portanto, os imóveis que eram parte do patrimônio dos Santiago sofreram grave desvalorização. O outro foco de investimentos, o escravo, também teve seu valor em declínio durante a segunda metade do século. Segundo Chalhoub, esta é a chave para entender a afirmativa do narrador: "Vivo só, com um criado. A casa em que moro é própria" (p. 24), isto é, sua condição financeira não seria das melhores e por isso vivia de forma simples. Surpreendentemente não temos na narrativa sequer uma descrição da indumentária de Bentinho/Dom Casmurro. Talvez seja intencional essa ausência, pois o seu efeito é o da impossibilidade de apreender a personagem pela imagem que é evocada em seu descritivo.

A oposição entre as duas personagens – Escobar e Bentinho –, é ressaltada por aspectos da indumentária de Escobar, podendo esta ser observada através de um retrato que Bentinho possui em sua casa:

A sociedade e a moda do século XIX: o jogo irônico em *Dom Casmurro*   65

> Era uma bela fotografia tirada um ano antes. Estava de pé, sobrecasaca[6] abotoada, a mão esquerda no dorso de uma cadeira, a direita metida ao peito, o olhar ao longe para a esquerda do espectador. Tinha garbo e naturalidade (p. 205).

A sobrecasaca era uma peça formal indispensável que revelava muito do homem que a portava. Laver nos diz: "considerava-se grosseiro o homem não usar a sobrecasaca ou um casaco para a manhã na cidade, ao fazer visitas ou ao tomar parte no serviço religioso dominical em Hyde Park." (Laver, 1989, p. 206) Essa formalidade de que fala Laver em relação à sobrecasaca é sentida por Bentinho ao mirar o retrato de Escobar. A pose descrita no retrato de Escobar pode ser encontrada em fotografias da época. Escobar é assim apresentado com uma atitude altiva de quem sabe o que quer e sabe planejar, vendo longe, o que pode estar sugerido também no uso da sobrecasaca.

Mesmo no Rio de Janeiro, cidade quente de um país tropical, tal peça era amplamente usada para causar boa impressão. Tal uso foi identificado por Renault, em estudos de jornais da cidade, no ano de 1870:

> Como se veste a sociedade fluminense para ir ao baile, à sessão teatral, ao sarau, à exposição de arte, caminhar no Passeio Público? A arte se associa à moda e nos leva a imaginar damas e cavalheiros a descer da carruagem à porta do *Teatro São Luis* ou do *Cassino Fluminense*. A casaca é o traje do cavalheiro.

---

6 "Sobrecasaca: a sobrecasaca do século XIX foi adaptada de um capote militar e transformou-se em roupa masculina formal. Aparecia em várias formas, mas basicamente era um casaco que tinha mangas compridas, chegava aos joelhos, era bipartido atrás e contava com gola, lapela larga, abotoamento e (nas costas) pregas para ventilação. No século XIX, por períodos curtos, foi inteiriço. Com sua modelagem básica, tem sido ponto de partida para muitos modelos de casacões femininos do século XX." (O'HARA, 1992, p. 256)

A casaca[7] está em cena: dorme-se de casaca e amanhece-se de casaca, conta Luiz Guimarães. A casaca é de uso na festa de gala. O conjunto de "casaca de pano superio⸢, calça de setim de lã superior e colete do dito" custa 65 mil réis. Para outras ocasiões usa-se a sobrecasaca "de pano fino de Sedan", agora anuncia-da. A mesma casa vende "gravatas de seda e de setim, pretas e de côres, de uma e de duas voltas, ditas lisas e bordadas, ditas mantaretas e de côres, dita cache-nez,[8] de lã, ditas de botões para creanças". (RENAULT, 1978, p. 311)

Renault faz um resumo do que vestia o homem fluminense em me-ados do século XIX, indumentária que pode ser observada na figura da página 67. O traje masculino revela a nova situação social decorrente das mudanças políticas e econômicas do período, já mencionada anterior-mente. Nesse sentido, Laver refere-se à segunda metade do século XIX como um início de prosperidade que veio a afetar a moda, visto que, conforme seu testemunho, "os acontecimentos políticos não deixavam de influenciar a moda." (LAVER, 1989, p. 210)

Segundo o autor, o "ano das revoluções" (referia-se a 1848) ficou marcado pela derrota da esquerda com "o triunfo da *bourgeoisie*" na In-glaterra e na França. Houve uma certa ansiedade em relação ao golpe de estado de Luís Napoleão (1851), mas "a despeito de suas aventuras mili-tares no final da década, quem na verdade apoiou Napoleão III foram os banqueiros, industriais e capitalistas." (Laver, 1989, p. 177) A prosperidade

---

7   "Casaca, *s. f.* (do turco *kazak*). Veste de cerimônia que cobre o busto do ho-mem, por cima do colete. É de pano preto, provida de lapela larga e de abas que não chegam à frente (...)" (Silva, 1948-59, p. 982)

8   "Cachené (à), *s. m.* (do fr. *cache-nez*). Gal. Aportuguesamento do francês *cache-nez*. // Lenço forte de agasalho para o queixo, boca e pescoço (...)" (Silva, 1948-59, p. 700) Modelo de gravata característica do século XIX. Apesar de ser uma peça para climas frios era usada no Rio de janeiro.

A sociedade e a moda do século XIX: o jogo irônico em *Dom Casmurro*   67

crescente nos negócios e no comércio podia ser observada no grande número de casas em Londres "com a fachada em estuque e um pórtico com duas colunas, quase todas construídas na década de 1850" (LAVER, 1989, p. 177), mostrando que o homem de negócios e o comerciante deixaram de morar no andar de cima de sua loja na cidade para fixar residência nos subúrbios distintos de South Kensington e Belgrávia.

1. Homem segura uma cartola: símbolo de elegância e status social. retratro feito por J. Cramer em 21 de agosto de 1856.

Com esses autores queremos confirmar a presença da peça usada por Escobar no Rio de Janeiro do século XIX, a sobrecasaca; bem como demonstrar os atributos que eram referidos ao homem que a usava, situando-o numa camada social superior e acrescentando-lhe a aura de poder e sucesso apontada por Laver (1989); e, finalmente, observar que o momento era propício para o homem de negócios audacioso frente à nova ordem política e econômica que se configurava.

Diante desses fatores, temos em Escobar o exemplo desse homem de negócios típico do século XIX: corajoso investidor, apostando em negócios muitas vezes de risco, podendo enriquecer ou empobrecer como resultado de algumas negociações. E essas características são confirmadas pela sua indumentária no retrato dado a Bentinho, bem como em sua postura e em seu olhar, como observou o narrador.

Enfim, a constituição dessa personagem com tais caracteres parece favorecer a estratégia narrativa da obra na medida em que cria uma certa instabilidade sobre sua fidelidade à Bentinho, enquanto seu melhor amigo. Escobar, trajando uma sobrecasaca de forma tão segura e imponente, permite ao leitor imaginá-lo como um homem poderoso, audacioso, e associando tais informações com outras ditas pelo narrador sobre seus investimentos, sobre como este sabia manipular as ideias e o dinheiro, dissemina na narrativa as dúvidas que não permitem assegurar a fidelidade do amigo. Faz parecer que é possível, mas não confirma. A indumentária de Escobar pode ser vista, portanto, como parte de um jogo para manter as ambiguidades no romance de Machado de Assis.

Influências francesas: o jogo de sedução

Em 1851, Karl Marx visitou a Exposição Universal em Londres e sua impressão teria sido a de que estava diante da "apoteose da mercadoria industrial", elevada pela primeira vez a "coisa" (mercadoria), acima do

A sociedade e a moda do século xix: o jogo irônico em *Dom Casmurro*   69

humano. Segundo Priori, a Exposição coincidia com o aparecimento de diferentes fatores que passaram a fundar o estatuto contemporâneo do objeto da moda. São eles:

> A preeminência do papel do costureiro (Worth,[9] pai da *"haute couture"* fundaria sua *"Maison"* em 1858); a distribuição organizada (o célebre *Bon Marche* abre as portas em 1852, e os *Grands Magazins* em 1855); a produção mecanizada (generaliza-se o uso da máquina de costura e floresce a roupa de confecção; a difusão dos modelos por meio da imprensa especializada (a revista *Le moniteur de la mode* teria ao fim do século xix, 20.000 assinantes e 8 edições estrangeiras); o uso da imagem fotográfica (inventa-se a similigravura em 1882); enfim, esse conjunto de fatores instituía lentamente o processo da moda, tal como nós o conhecemos e onde são fundamentais a figura central do designer/criador, os ciclos de renovação cada vez mais rápidos, a produção em série, a importância da imagem e a grande difusão. (PRIORI, 2002, p. 190)

---

9   "Worth, Charles Frederick 1825-95. Estilista. Nascido em Bourne, Lincolnshire, Inglaterra. (...) Em 1858, Worth fez sociedade com um negociante sueco, Otto Bobergh, e estabeleceu seu próprio ateliê. Logo se tornou o predileto da imperatriz Eugênia, sendo a influência e o apoio dela muito propícios ao sucesso de Worth. (...) Em 1870, quando caiu o Segundo Império, Worth fechou sua *maison*, reabrindo no ano seguinte. Embora a demanda de caudas e crinolinas para a realeza diminuísse, Worth continuou a ser o maior costureiro parisiense, vestindo as atrizes Sarah Bernhardt e Eleonora Duse e tendo como clientes a nobreza europeia e a sociedade internacional. (...) Grande parte de seu trabalho é associado ao movimento para redefinir a forma feminina e os contornos da moda, eliminando o exagero de babados e adornos, modificando os chapéus de pala (afastando-os da testa) e a forma da crinolina e da anquinha." (O´HARA, 1992, p. 290)

Até então a moda não conseguira um longo alcance e nem um público crescente como no século XIX, momento histórico adequado às transformações que vieram a acontecer. O papel do costureiro, citado pela autora, inventado por Worth, era o de ditador da moda, aquele que diz a sua cliente o que ela deve vestir, em qual situação e como; e as mulheres se entregavam às mãos habilidosas do costureiro preferido da imperatriz Eugênia,[10] dando abertura para a invenção da tirania da moda. Esse é o momento em que notadamente a moda inicia um processo parecido com o que temos hoje.

Podemos nos perguntar quais seriam as reais influências de tais fatos e acontecimentos sobre um país situado na América do Sul, recém saído da condição de colônia de Portugal. Segundo Calmon, em 1808 o Brasil deixa de ser colônia de Portugal e se torna, com a abertura dos portos, um "país de apressada e aparente civilização europeia, que devia em pouco tempo assimilar os costumes e as instituições, as ideias e métodos de França e Inglaterra." (CALMON, 2002, p. 3)

Por três séculos Portugal proibiu o comércio estrangeiro nas terras americanas de sua possessão; com a mudança da família real portuguesa para o Brasil, essa condição é modificada. Após a "solução monárquica da independência", em 1822, em que D. Pedro I se faz imperador na América para não "representar um papel secundário e duvidoso" na Europa, houve uma "explosão de cóleras populares que assinalava a definitiva separação da Europa, fixava a consciência nacional." (CALMON, 2002, p. 4) Mas a democracia, que "empolgara as populações urbanas", não se realizou ime-

---

10 "Eugênia, Imperatriz 1826-1920. Nascida Eugênia Maria del Montijo, em Granada, Espanha. Em 1853, ao casar-se com Napoleão III, tornou-se imperatriz da França. Em 1870, foi exilada para a Inglaterra. Líder de moda durante seu reinado, é geralmente associada à popularização da crinolina na década de 1850. A partir de 1860, Worth criou muitos de seus vestidos, os quais eram avidamente copiados por damas de sua própria corte e por outras em toda a Europa." (O'HARA, 1992, p. 113)

A sociedade e a moda do século xix: o jogo irônico em *Dom Casmurro* 71

diatamente: "O Brasil de 1824, imperialmente constituído, continuava a ser – com um liberalismo teórico e a emancipação política – o Brasil de 1808." (Calmon, 2002, p. 5) O autor observa que não foi alterada a legislação civil, nem houve movimento para extinção da escravidão:

> [...] não se tivera do liberalismo livresco senão uma impressão exterior, quanto à forma de governo. [...] Ergueu-se o Império sobre esse alicerce emocional. Amor exaltado do país, repulsa ao forasteiro, valorização dos antecedentes indianistas, a contemplação dos belos ideais franceses, de 1789 ("os imortais princípios"), entretanto intransigente defesa da estrutura social que nos legara a colônia. (Calmon, 2002, p. 5)

Esse panorama mostra que houve no período um repúdio a tudo que tivesse influência portuguesa. Calmon ressalta que nem os estudantes de classes abastadas que podiam estudar fora do Brasil iam mais a Coimbra, e sim, frequentavam as universidades alemãs, as academias francesas. "A literatura da França avassalava as inteligências: porque punha de lado, varria a literatura do reino. Desenvolveu-se, paralelamente à guerra ao passado, a imitação a Paris." (Calmon, 2002, p. 9) O autor afirma que de 1808 a 1822 o Brasil importou da França as utilidades e em seguida as doutrinas: "As indústrias estrangeiras inundaram de seus produtos o Brasil, comprando-lhe, em compensação, o café, o açúcar, o algodão." (Calmon, 2002, p. 9)

Existe, então, um enriquecimento da classe agrícola, o que leva o costume da viagem e dos estudos na Europa do Norte a generalizar-se entre 1824 e 1860. Calmon aponta uma excessiva influência da França sobre o Brasil imperial:

> Os viajantes estrangeiros, desde Mary Graham até o diplomata Itier, impressionavam-se com o vigor dos contrastes, de uma

> sociedade excessivamente adornada de coisas francesas numa humilde moldura colonial. Teatro, modas, leitura, salões, conversação, para serem elegantes deviam ser franceses. [...] "A rua do Ouvidor parecia transplantada de França, tal o número de belas lojas pertencentes aos franceses." [...] Le Vayer, outro observador em trânsito, comparou a nossa rua do Ouvidor às artérias francesas de São Petersburgo. Parecia-lhe um vasto império rude e amorfo, que recebia das modistas e dos cabeleireiros parisienses as precipitadas leis do bom gosto. (CALMON, 2002, p. 10)

Mary Del Priori (2002) também observa que viajantes de passagem pelo Brasil notavam a influência francesa na importação de modas, artigos de fantasia e de decoração. Segundo a autora, 54 modistas francesas estavam instaladas no Rio de Janeiro em 1821, e ainda: "não eram poucas as negras livres que, graças ao 'seu talento', não apenas trabalhavam com tais profissionais, mas que conseguiam 'imitar muito bem as maneiras francesas, trajando-se com rebuscamento e decência."[11] A autora afirma que havia também jornais dirigidos às mulheres como *O Correio das Modas* (1839), *O Espelho Fluminense* (1843), o *Recreio do Bello Sexo* (1856) e o *Jornal das Famílias* (1863), e neles eram encontrados figurinos, receitas culinárias, moldes de trabalhos manuais. Não devemos nos esquecer de que Machado colaborava constantemente em jornais e revistas, escrevendo crônicas, contos, poesias, romances, que iam saindo em folhetins e depois eram publicados em livros, inclusive no *Jornal das Famílias*. Esse era também seu público leitor.

Renault (1978) observa o Brasil através da análise de anúncios de variada natureza publicados nos jornais do Rio de Janeiro no período compreendido entre 1850 e 1870, destacando este trecho referente ao ano de 1858:

---

11 Nota referente a esse trecho no artigo de Priori (2002): J. B. Debret, *Viagem Pitoresca e Histórica ao Brasil*, (1816), São Paulo: Martins, 1954, p. 216.

A sociedade e a moda do século XIX: o jogo irônico em *Dom Casmurro*   73

A moda também se renova em cadência lenta à medida que assimila as inovações do figurino europeu. Nos idos coloniais a mulher saía para orar na igreja mais próxima. Seu traje era simples, barroco. Depois, passou a frequentar o teatro, os passeios, e sua toalete se apurou. Agora, ela se enfeita também para ir ao Prado Fluminense, aos bailes, aos saraus, às exposições, às confeitarias.

No comércio, os artigos indicam o bom gosto e até mesmo o refinamento da sociedade. Diz-se que está no *trinque* a dama que se veste na costureira francesa e se penteia com o Frederico Reis.

[...] É extenso o rol de produtos da moda. França e Inglaterra são nossos fornecedores. (RENAULT, 1978, p. 152)

Essa admiração pela França e preferência por tudo o que a ela remetesse aparece em *Dom Casmurro*, no capítulo LVIII, "O tratado". O narrador conta que tinha quinze anos (que, como vimos anteriormente, seria o ano de 1857), ao voltar numa segunda-feira para o seminário viu uma senhora cair na rua. Ela tinha "as meias mui lavadas, e não as sujou, levava ligas de sêda, e não as perdeu." (p. 117) Conta que várias pessoas acudiram, mas que não tiveram tempo de a levantar: "ela ergueu-se muito vexada, sacudiu-se, agradeceu, e enfiou pela rua próxima." (p. 118) José Dias, que acompanhava Bentinho, comentou:

-— Este gôsto de imitar as francesas da Rua do Ouvidor, dizia-me José Dias andando e comentando a queda, é evidentemente um êrro. As nossas môças devem andar como sempre andaram, com seu vagar e paciência, e não êste tique-tique afrancesado...

Eu mal podia ouvi-lo. As meias e as ligas[12] da senhora branqueavam e enroscavam-se diante de mim, e andavam, caíam, erguiam-se e iam-se embora. Quando chegamos à esquina, olhei para a outra rua, e vi, a distância, a nossa desastrada, que ia no mesmo passo, tique-tique, tique-tique... (p. 118)

Esse episódio da queda da senhora expõe-nos claramente alguns aspectos da sociedade da época. A influência francesa apontada por Calmon (2002) é tão marcante que afeta até mesmo o passo das senhoras da época, lembrando o fascínio da sociedade imperial brasileira pela França e seus produtos, e o repúdio a tudo que remetesse à corte portuguesa.

2. Meia de algodão bordada com seda em motivos florais, em meados dos anos 1830.

---

12 "Liga: tira adornada de elástico que é usada ao redor da coxa, para prender as meias finas. Na década de 1880, o lançamento da cinta-liga marcou o declínio da liga, embora continuasse a ser usada até os anos 30." (O'HARA, 1992, p. 174)

A sociedade e a moda do século XIX: o jogo irônico em *Dom Casmurro* 75

Sobre a Rua do Ouvidor, temos a interessante análise de Renault feita através dos jornais do ano de 1868:

> A Rua do Ouvidor tem afluentes como o rio Amazonas: a Rua Gonçalves Dias, modesta como o poeta, onde o Hotel Brasil acolhe os boêmios; a Rua Uruguaiana, a Rua do *Alcasar*, a rua por onde todas as noites passa a Aimée à espera dos triunfos. Aquela rua é uma torre de Babel, construída em linha transversal: lá estão verberantes as vitrinas do Moutinho, Desmarais, Verli, Raumier, Dias, Ravet, Déroche, Garnier, Guimarães, Pinto, etc. Por ela vem Fagundes Varella que acaba de escrever os Cantos Meridionais. Pela manhã, a rua é essencialmente burguesa. De noite incomodamente pasmatória, mas, do meio-dia às quatro da tarde "esta nesga brilhante da cidade vive em toda a plenitude de sua agitação febril e industrial". Aí se resolvem os mais difíceis problemas, porque nela é real "a igualdade apregoada pelo sistema representativo". Aí fraternizam todas as classes. Aí se juntam, diariamente, cabeleireiros com estadistas, deputados com botequineiros, doutores com alfaiates e o redator com todos eles. (RENAULT, 1978, p. 289)

Esse panorama da Rua do Ouvidor no século XIX reflete bem o momento histórico da narrativa de *Dom Casmurro*, sugerindo a importância da moda na obra. Segundo Renault, a indústria europeia é que abastecia o comércio de tecidos e de roupa feita. *Au bon Marché*, um dos *Grands Magazins*, era situado na Rua do Ouvidor e vendia "camisas, roupa feita, e por medida, para homens, meninos e crianças". O autor cita o *Jornal do Comércio*, do ano de 1870, sobre um "sortimento completo de costumes de brim de linho, paletós de alpaca e merino para homens e meninos" que havia acabado de chegar à casa. (RENAULT, 1978, p. 312)

76   MODA E IRONIA EM *DOM CASMURRO*

Outro aspecto da sociedade da época que pode ser verificado no episódio das meias presente na narrativa de *Dom Casmurro* é o que Laver (1989) chama de complexo em relação a tornozelos desenvolvido pelos homens, pois o vestido de crinolina[13] produzia um movimento na roda da saia que deixava entrever a região dos pés criando o que Souza chama de "inquietante zona de espera." (Souza, 2001, p. 94) Laver data a introdução da "crinolina de armação" de 1856, e diz que era na verdade uma anágua com arcos de aço flexíveis ou uma peça separada presa à cintura, sendo que alcançou um rigor científico somente com a tecnologia alcançada no período. Souza nos diz:

> Os meados do século vão presenciar o aparecimento da grande descoberta mecânica da vestimenta: em 1855 surge a crinolina, introduzida pela imperatriz Eugênia e simbolizando o triunfo da nova era de aço. A mulher passa a ser um triângulo equilátero, auxiliado pela voga dos chales e mantilhas que, atirados sobre os ombros e descendo pelas costas, escondem a cintura. Em 1859 a crinolina alcança a sua expansão maior e daí em diante a moda do vestido diminui e a fazenda começa a ser arrepanhada na parte posterior, a parte anterior ficando mais ou menos lisa e acentuando a curva suave das cadeiras. Estamos na idade de ouro dos costureiros (por volta de 1870), e a invenção recente da máquina de costura possibilita a grande elaboração do traje – maior talvez da história da vestimenta. (SOUZA, 2001, p. 64)

---

13   "Crinolina: na década de 1840, a crinolina era uma pequena anquinha feita de crian (do francês *crin*, "crina"). Durante a década de 1850, surgiu a crinolina de armação, feita de arcos de aço. Ela produzia saias extraordinariamente rodadas. O estilo foi divulgado pela imperatriz Eugênia, e as mulheres europeias seguiram-na. Por volta de 1865, o formato mudou para achatar as saias na frente e produzir volume atrás." (O´Hara, 1992, p. 91)

A sociedade e a moda do século XIX: o jogo irônico em *Dom Casmurro* 77

Como podemos ver na figura abaixo, e segundo estudos de Laver (1989), o exagero era tamanho ao final da década de 1950 que era verdadeiramente impossível duas senhoras se sentarem no mesmo sofá diante de tanto volume ocupado pelos babados dos vestidos, tornando mesmo sensacional a possibilidade de se vislumbrar tornozelos, ainda que vestidos de meias.

3. *A imperatriz Eugénie e suas damas de companhia em 1855*. Pintura de Franz Xaver Winterhalter: símbolo da elegância e do bom gosto francês.

No Rio de Janeiro do século XIX, Renault fala dos efeitos da crinolina (o autor cita o correio Mercantil – 09/10/1861):

> É vagarosa a evolução da moda. Mas, nesta fase, a moda feminina copia do figurino francês o estilo que marca uma época: *a saia balão*. Ela já se introduzira na corte e na sociedade. Agora essa moda se derrama por todas as classes e chega até à provín-

cia. O comércio oferece às damas as "saias balão, e meio balão, com e sem aço. Saias à imperatriz sem aço adiante, saias cage (gaiola) e outras ditas bahianas". Acompanham esse modelo os "coletes de todas as qualidades, assim como de abotoar na frente, de puxar à preguiçosa".[14] [...] A moda da saia balão chega a envolver-se com o transporte coletivo. Por causa dela fala-se na "necessidade de reforma na lotação de gôndolas e ônibus". Assim é o raciocínio da imprensa: uma gôndola para quatorze pessoas não é uma gôndola para quatorze senhoras, ou para quatorze pessoas incluindo-se senhoras. As dimensões que o "balão tem tomado exigem que uma senhora considerada como valendo depois ou três homens, ao menos dentro das gôndolas". (Renault, 1978, p. 207)

É Laver quem dá um demonstrativo dos efeitos dos movimentos da mulher que trajava um vestido de crinolina:

[...] quando vemos gravuras de damas com saias parecidas com abafadores de chá antigos, tendemos a pensar nessa estrutura como sólida e impassível; mas, é claro, nada estava mais distante da verdade. A crinolina estava em agitação constante, jogada de um lado para o outro. Era como um balão cativo muito agitado e nada parecia, exceto na forma, com o iglu dos esquimós. Balançava-se para um lado, depois para o outro, levantava-se um pouco, ia para frente e para trás. Qualquer pressão de um lado dos arcos de aço era comunicada, por sua elasticidade, para o outro lado, e o resultado era uma certa projeção da saia para cima. Foi provavelmente essa projeção que deu ao homem do

---

14 Provavelmente este é o espartilho ou corset, peça que será analisada posteriormente, bem como a saia balão.

meio período vitoriano seu complexo em relação a tornozelos e isso certamente desaguou em nova moda de botas. (LAVER, 1989, p. 184)

Esse movimento provocado pelo vestido de crinolina é extremamente consoante com o estilo de vida da mulher do século XIX que se esmerava num jogo de "esconde-esconde", com o qual "chama a atenção para os seus encantos anatômicos, envolvendo-os em mistérios através da reticência e do disfarce" (SOUZA, 2001, p. 94), o que transforma essa mulher numa "verdadeira caixa de surpresas."

4. Crinolina. Modelo de 1865-1869.

Pode-se destacar como exemplo desse jogo criado pela mulher um trecho de *Dom Casmurro*:

> Uns sapatos, por exemplo, uns sapatinhos rasos de fitas pretas que se cruzavam no peito do pé e princípio da perna, os últimos que usou antes de calçar botinas, trouxe-os para casa, e tirava-os de longe em longe da gaveta da cômoda, com outras velharias, dizendo-me que eram pedaços de criança. (p. 183)

Na citação acima podemos perceber a demarcação clara entre a criança que Capitu foi e a mulher em que se tornou após o casamento. Os sapatinhos rasos de fitas pretas descritos contrapõem-se às botinas que definem o seu estatuto de mulher casada. Esses sapatinhos de criança, pedaços de ingenuidade e inocência, contrastam com as botinas na medida em que estas refletem a malícia presente no universo feminino, pois as mulheres não podiam mostrar os pés e nem os tornozelos. Como no excerto de Laver (1989) logo acima, o complexo do homem do período em relação aos tornozelos surgiu com o uso da saia de crinolina e seu efeito de ondas que acabavam revelando essas partes desejadas do corpo feminino, levando a uma moda repentina de botas que visavam a ocultar tais partes. Interessante também é perceber que mesmo calçando botinas, essa extremidade do corpo feminino era procurada pelos olhos masculinos; mesmo cobertos os pés e tornozelos femininos podiam ser desejados, pois eram como que materializados na imaginação do observador.

Gilda de Mello e Souza (2001), ao utilizar o trecho de *Dom Casmurro* em seu exemplo, destaca a importância das extremidades do corpo da mulher como possibilidade de visão desse corpo. O mesmo se dava com os detalhes nas pontas de rendas da barra das saias e dos decotes que, num leve movimento do corpo, causavam "sustos" ao ser vistos.

A sociedade e a moda do século XIX: o jogo irônico em *Dom Casmurro* 81

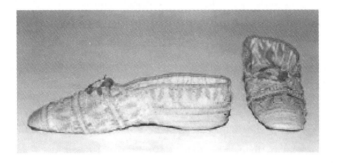

5. Delicadas sapatilhas femininas, bordadas em rosa em meados do anos 1830.

Já Mary Del Priori diz que mãos e pés atraiam o olhar masculino, sendo que os pés tinham que ser pequenos e finos, terminando em ponta: "a ponta era a linha de mais alta tensão sensual." Essa exigência estética relacionada aos pés era determinante da classe social da mulher, "as carnes e os ossos dobrados e amoldados às dimensões do sapato" revelavam que a mulher pertencia a um grupo social no qual o trabalho não fazia parte das tarefas diárias e indicava uma vida dedicada ao ócio, e, por associação, "expressão anatômica do sangue puro, sem mancha de raça infecta como se dizia no século XVIII." (PRIORI, 2002, p. 198)

Conhecendo esses detalhes da vida social do século XIX compreende-se melhor o encantamento e a hipnose sentidos por Bentinho, nos seus quinze anos, ao perceber no episódio da queda da senhora, partes do corpo feminino tão ocultas e proibidas, e tão ligadas à sensualidade. O episódio, que poderíamos supor ter o objetivo de entreter o leitor, sem ligação importante com a narrativa, pode ser entendido como uma estratégia do narrador visando construir uma imagem aparentemente ingênua de Bentinho, a qual poderá ser muito útil frente à interpretação do leitor. Trata-se de um acontecimento que poderia ser visto como uma cena corriqueira, de que o narrador se lembra aparentemente de forma desinteressada e ao qual parece não dar importância, mas que pode ser também entendido como um dos muitos elementos que dão os desejados contornos à personagem de Bentinho na obra. Pode também ser um argumento que busca atestar a veracidade da história que está sendo contada pelo narrador, pois este diz claramente ao contar o episódio:

> Não dormi mais; rezei padre-nossos, ave-marias, e credos, e sendo êste livro a verdade pura, é fôrça confessar que tive de interromper mais de uma vez as minhas orações para acompanhar no escuro uma figura ao longe, tique-tique, tique-tique... (p. 118)

6. *Corset*, de 1865-1875, feito com barbatanas de baleias.

Ainda sobre o traje feminino característico do século XIX, há o espartilho,[15] ou corset, apresentado na figura acima. Segundo Priori, o

---

15 "Espartilho: o espartilho do século XIX (usado para conseguir a cintura fina que estava em moda na época) descendia do corpete do século XV, que era endurecido por dois pedaços de linho colados. Usado sob o vestido, mas frequentemente sobre uma bata fina de algodão ou de musselina, o espartilho costumava ser feito de pedaços de barbatana de baleia inseridos como

A sociedade e a moda do século XIX: o jogo irônico em *Dom Casmurro* 83

espartilho nasceu com a Idade Moderna e correspondia a uma estética ligada à ausência de sinuosidades, favorável à linha plana e reta, o que a autora associa à retidão de caráter. Ao mesmo tempo o espartilho transformava a silhueta feminina, a masculina e, também, a infantil. Observemos a descrição da autora:

> A estranha couraça encerrava o tronco ajustando-o a uma forma inflexível. A postura, tal qual a haste do lírio, impunha uma posição teatral, imponente, altaneira, manifestando igualmente as qualidades da alma e as virtudes de um caráter feminino igualmente reto. (PRIORI, 2002, p. 199)

Priori afirma que o uso da peça provavelmente se generalizou pelo Brasil durante o Segundo Império (ou Segundo Reinado, como preferem alguns historiadores: 1840-1889): "Não há uma descrição de heroína de romance, nem fotografia da aristocracia do café em que as mulheres não apareçam com o enrijecimento dorsal, típico do uso do espartilho." (PRIORI, 2002, p. 199) Vale lembrar que é nesse período histórico que está inserida a narrativa de *Dom Casmurro* e, portanto, podemos supor que as damas do romance provavelmente portavam o espartilho.

Podemos também pensar que Capitu usava um espartilho antes de se casar? Não obteremos essa resposta, pois não há confirmação desse fato no romance. Ao contrário, o que podemos perceber na "Capitu

---

armação numa peça de tecido. Era amarrado com firmeza na frente ou atrás da cintura, tendo sido assunto de grande controvérsia a partir de mais ou menos 1850, quando grupos reformistas dos dois lados do Atlântico protestaram contra os danos físicos causados pela roupa apertada em excesso. Apesar desses protestos, no final do século XIX foram produzidas as mais complicadas formas de espartilhos. A silhueta em S tornou-se popular, criada por espartilhos que desciam pelos quadris e projetavam o busto para frente. (...)" (O'HARA, 1992, p. 111)

menina" (p. 234), como chamou-a o narrador fazendo ele mesmo uma demarcação entre a menina e a mulher, o antes e o depois do casamento, é uma extraordinária mobilidade – física, emocional, psicológica e de linguagem – que está em todos os momentos em que a personagem aparece na narrativa. Ela aparentemente consegue se movimentar em todos os ambientes; em todos os diálogos descritos pelo narrador em que aparece a sua voz esta é sempre a de uma pessoa segura, que consegue dissimular suas emoções, seus medos, que consegue manobrar pessoas e situações para conseguir o que deseja. Há então uma incongruência em relação a Capitu e à mulher de seu tempo, pois a primeira parece não se deixar amarrar, e a última vivia condicionada por essa rigidez de que fala Priori (2002) e, mais ainda, enclausurada numa vida sem nenhuma projeção pessoal possível, além da constituição de uma família.

Capitu e os bailes: esconder e mostrar

O capítulo cv, "Os braços", de *Dom Casmurro*, permite compor a imagem de Capitu com os detalhes da indumentária do século xix até aqui apresentados:

> [...] Arranjava-se com graça e modéstia. Embora gostasse de joias, como as outras môças, não queria que eu lhe comprasse muitas nem caras, e um dia afligiu-se tanto que prometi não comprar mais nenhuma; mas foi só por pouco tempo. [...] De dançar gostava, e enfeitava-se com amor quando ia a um baile; os braços é que... Os braços merecem um período.
>
> Eram belos, e na primeira noite que os levou nus a um baile, não creio que houvesse iguais na cidade, nem os seus, leitora, que eram então de menina, se eram nascidos, mas provàvelmente estariam ainda no mármore, donde vieram, ou nas

A sociedade e a moda do século XIX: o jogo irônico em *Dom Casmurro*   85

mãos do divino escultor. Eram os mais belos da noite, a ponto que me encheram de desvanecimento. Conversava mal com as outras pessoas, só para vê-los, por mais que êles se entrelaçassem aos das casacas alheias. Já não foi assim no segundo baile; nesse, quando vi que os homens não se fartavam de olhar para êles, de os buscar, quase de os pedir, e que roçavam por êles as mangas pretas, fiquei vexado e aborrecido. Ao terceiro não fui, e aqui tive o apoio de Escobar, a quem confiei cândidamente os meus tédios; concordou logo comigo.

– Sanchinha também não vai, ou irá de mangas compridas; o contrário parece-me indecente.

– Não é? Mas não diga o motivo; hão de chamar-nos seminaristas. Capitu já me chamou assim.

Nem por isso deixei de contar a Capitu a aprovação de Escobar. Ela sorriu e respondeu que os braços de Sanchinha eram mal feitos, mas cedeu depressa, e não foi ao baile; a outros foi, mas levou-os meio vestidos de escumilha[16] ou não sei quê, que nem cobria nem descobria inteiramente, como o cendal de Camões.[17] (p. 182)

Acentua-se nesse episódio o ar de sedução e recato, levado ao extremo no século XIX, de uma mulher vestida para um baile: ao mesmo tempo em que se cobria, também se revelava. Souza diz que esse "jogo de esconde-esconde" dava-se com mais agudeza na noite, pois durante o dia imperava a simplicidade e o recato. Percebemos que Capitu também sabia jogar esse jogo. Aqui sim, podemos imaginar Capitu trajando um

---

16 "Escumilha, *s. f.* (de *escuma*). Pequenos grãos de chumbo, para a caça aos pássaros (...) Tecido transparente de lã ou seda muito fina (...)" (SILVA, 1948-59, p. 684)

17 Camões citou um cendal em *Os Lusíadas*, na estrofe 37, canto II, referindo-se a uma ninfa que representava Vênus.

espartilho, sob um belo vestido de baile, com decote e braços à mostra, mesmo não sendo dito explicitamente na obra. Esta parece ser a outra Capitu – a fruta dentro da casca – de que fala o narrador na última página do romance, a qual parece ser comparada à Capitu menina.

À noite havia uma mudança nas regras de decência, na esperança de que no teatro ou no baile "o vestido sublinhasse melhor a graça do corpo e os decotes deixassem transbordar os braços e colos nus." (SOUZA, 2001, p. 94) Esses momentos sociais para as mulheres solteiras, que viviam reclusas em casa às voltas com bordados e atividades domésticas, eram uma chance de conhecer homens com quem pudessem desposar e assim obter reconhecimento social,[18] o que, segundo Stein (1984), só era possível para a mulher através do elemento masculino no casamento, assunto que será tratado mais à frente.

7. Vestido de noite em seda e tafetá rosa, usado em 1866.

---

18 "O contato entre jovens antes do casamento se resumia a encontros aos quais deveria estar presente pelo menos mais uma pessoa, à comunicação através de flores e leques, cada qual possuindo seu código particular de significado. Alguns autores se referem ainda ao namoro à janela e à difundida prática de escrever bilhetes e cartas. A viajante Maria Graham conta uma conversa mantida numa festa com um conterrâneo que lhe assegurou haver 'naquela sala pelo menos dez senhoras providas de bilhetes que escorregariam na mão de seus galãs, e que tanto as casadas como as solteiras eram a mesma coisa'." (STEIN, 1984, p. 33)

A autora destaca a importância do corpo e da moda como artifícios de sedução para a mulher do período: "A questão da sedução tem, pois, neste contexto, um importante papel. Ela é a maneira de a mulher, através de si, seu corpo, sua aparência, utilizar-se da possibilidade de influir no próprio destino." (STEIN, 1984, p. 36) Com relação a essa questão da noite para o universo feminino oitocentista, Souza diz:

> Um tal contraste entre a severidade do vestido de dia e a surpresa do traje da noite reforçava, sobremodo, o ritmo erótico, o jogo de entregas parciais de que a mulher lançara mão para, sem ofender a moral burguesa de guardar as aparências, oferecer-se ao mesmo tempo a uma quantidade de homens. Aliás, essa posse a distância, realizada pela vestimenta em geral e muito particular pelo decote – e que funcionava tanto para moças solteiras como para as casadas –, foi talvez um dos mais poderosos elementos de equilíbrio da sociedade daquele tempo. E fazia da reunião mundana o momento agudo na luta amorosa. (SOUZA, 2001, p. 95)

A atitude sedutora feminina era esperada e compartilhada pelos homens do período que, de certa forma, se valiam do *status* que uma bela e ociosa mulher poderia associar à sua carreira e ao seu próprio sucesso. Capitu, enquanto se enfeitava e brilhava nos bailes que frequentava com o marido, encantando os olhos e alimentando a imaginação, além de provocar-lhe ciúmes, dava a Bentinho o que Souza chama de "contaminação de prestígios", conceito dado em função da análise de uma crônica de Machado de Assis para *A Semana*, em que o escritor comenta o comportamento típico do Segundo Reinado de se valer das vitórias dos próximos, o que ele chama de "'glórias de empréstimo', isto é, as vitórias dos mais próximos, que se refletem em nós." (SOUZA, 2001, p. 83) Um comportamento sedutor seria, assim, esperado de Capitu e apoiado por Bentinho.

Esse capítulo do romance machadiano está repleto de ambiguidades. Ao mesmo tempo apresenta Capitu como uma mulher que gosta de ser olhada[19] e ressalta Bentinho como um homem ciumento. Este conta com o apoio de Escobar, que também parece ser um ciumento, de modo que não sabemos se Capitu deixa de expor os braços por causa dos ciúmes de Bentinho ou de Escobar.

E para ainda manter mais dúvidas sobre a dissimulação de Capitu, tão aclamada por José Dias, o narrador conta que esta passa a usar uma escumilha, peça que tem dois significados, sendo o primeiro menos apropriado, mas também bastante sugestivo. Escumilha pode ser tanto munição para caçar pássaros (ou homens), quanto um tecido fino e transparente, que é o que provavelmente Capitu portava: uma espécie de xale ou estola, "não sei que, que nem cobria nem descobria inteiramente, como o cendal de Camões." Caça ou caçadora?

8. *Imperatriz Elizabeth da Austrália*, 1865. Pintura de Franz Xaver Winterhalter: uma nuvem de gaze e musselina.

---

19 "Cheguei a ter ciúmes de tudo e de todos. Um vizinho, um par de valsa, qualquer homem, môço ou maduro, me enchia de terror ou desconfiança. É certo que Capitu gostava de ser vista, e o meio mais próprio a tal fim (disse-me uma senhora, um dia) é ver também, e não há ver sem mostrar que se vê." (p. 194)

A sociedade e a moda do século XIX: o jogo irônico em *Dom Casmurro*   89

Também aqui o narrador se vale de um artifício, já reconhecido por alguns autores,[20] que é o de trazer para a narrativa outros textos (intertextualidade), mas retirar destes apenas o que deseja mostrar diretamente, ocultando o que mais interessa, com intenção de deixar em dúvida o leitor, manipulando sua atenção. Está lá, no Canto II de Camões, a ninfa sedutora que provoca ciúmes, ao mesmo tempo que amor:

> Cum delgado cendal as partes cobre
> De quem vergonha é natural reparo;
> Porém nem tudo esconde nem descobre
> O véu, dos roxos lírios pouco avaro
> Mas, pera que o desejo acenda e dobre,
> Lhe põe diante aquele objecto raro.
> Já se sentem no Céu, por toda parte,
> Ciúmes em Vulcano, amor em Marte.
> (CAMÕES, 2001, p. 62)

Parece ser também característica da literatura machadiana o artifício maior da moda feminina do século XIX: mostrar e esconder, ser e parecer, manter-se ambígua e múltipla. Percebemos então que o jogo proposto pela moda da época é bem aproveitado para a manutenção do jogo irônico presente na narrativa de *Dom Casmurro*.

---

20 Um exemplo é o estudo de Senna (2000), "Estratégias de embuste: relações intertextuais em *Dom Casmurro*", no qual a autora ressalta o uso de referências intertextuais na obra como meio de enganar o leitor desviando sua atenção, intencionando levar o leitor a ver Capitu como uma mulher infiel.

Homens e mulheres: diferenças reveladoras

Observando os exemplos citados anteriormente com relação à roupa feminina e masculina, podemos chegar a algumas conclusões importantes. A descrição de Escobar no retrato – em pé, de sobrecasaca abotoada, mão esquerda no dorso da cadeira e a direita metida no peito olhando ao longe, com "garbo e naturalidade" –, quando comparada à de Capitu se vestindo para ir a um baile arranjando-se com graça e modéstia, enfeitando-se "com amor" – nos dá a essência do masculino e do feminino no século XIX. É o que Souza chama de "antagonismo", isto é, para a autora os interesses dos dois sexos corriam em direções contrárias. Enquanto um estava envolto entre babados e fitas, o outro simplificava sua imagem a ponto de vê-la parecida cada vez mais com um uniforme. É o que nos diz a autora no seguinte trecho:

> Bastante diverso é o itinerário percorrido pela indumentária masculina. Em vez de estar sujeito a ciclos, a um ritmo estético de expansão de determinado elemento decorativo levado ao limite máximo (as mangas crescendo até a aberração de 1830, a saia se alargando até a crinolina, a anquinha[21] se acentuando até o excesso de meados do decênio de 80), a roupa masculina se simplifica progressivamente, tendendo a cristalizar-se num uniforme. (SOUZA, 2001, p. 64)

---

21 "Anquinha: enchimento (de cortiça, penas ou outro estofo) usado sob a saia e preso às costas sob a linha da cintura servindo de base sobre a qual o tecido da saia é pregueado ou drapeado. A anquinha proporcionou o formato de saia predominante nas décadas de 1860 e 1870. Também era usada sob a saia uma cesta de madeira, aço ou barbatana de baleia amarrada à cintura e vergada sobre os quadris. Algumas anquinhas eram feitas de molas metálicas." (O'HARA, 1992, p. 21)

A sociedade e a moda do século XIX: o jogo irônico em *Dom Casmurro* 91

Essas diferenças são reflexo das demandas sociais específicas de cada sexo para o período, pois o universo masculino era bastante diverso do feminino. Sobre o vestuário masculino falamos ligeiramente no início deste capítulo, ao tratar de Escobar, mas agora nos aprofundaremos um pouco mais e veremos as implicações da indumentária masculina da época no romance. Vejamos o que Souza diz sobre a roupa do homem da época para que possamos refletir sobre sua ideologia:

> Perdura até 1830 o luxo das gravatas e dos coletes, que então podem ser ricamente bordados ou em número de dois, um de veludo, outro de fustão por cima. Nesta época a figura masculina concorda em grande parte com a feminina, e os corpos se estrangulam, acentuando as formas com o auxílio das "cintas bascas" usadas sobre a pele. Pouco a pouco estas manifestações de capricho vão sendo abandonadas. O Romantismo substitui as gravatas fantasiosas pelas gravatas pretas, cobrindo todo o peito da camisa; lentamente as calças, coletes e paletós começaram a combinar entre si de maneira muito discreta, e de meados do século em diante a roupa não tem mais por objetivo destacar o indivíduo, mas fazer com que ele desapareça na multidão. A casaca tem as abas cortadas, dando início à evolução que produzirá o terno masculino moderno. O advento do esporte renova um pouco a hirta estrutura masculina, introduzindo o *yatching*, o *naval reefer* e a *Norfolk-jacket*. Em 1890 a cartola começa a ser substituída, de dia, pelo chapéu. (SOUZA, 2001, p. 67)

A estudiosa ressalta que até determinado momento homens e mulheres mantinham certas "manifestações de capricho", isto é, preocupações com o corpo, com a moda, utilizando seus artifícios em benefício de uma imagem rebuscada. A partir de 1830, os caminhos se dividiram:

enquanto a mulher se entregou à dinâmica da moda, o homem aparentemente desinteressou-se desta, abandonando os excessos que faziam parte de sua indumentária.

Nesse sentido, sabendo que a roupa reflete o espírito de sua época, a forma de vida de seus usuários e as influências que sofrem do meio social em que vivem, podemos antever mudanças importantes nos aspectos citados para que a roupa masculina tomasse caminho tão diverso nos meados do século xix:

> O homem só se desinteressou da vestimenta quando esta, devido à mudança profunda no curso da história, deixou de ter importância excessiva na competição social. A Revolução Francesa, consagrando a passagem de uma sociedade estamental a uma sociedade de classes, e estabelecendo a igualdade política entre os homens, fez com que as distinções não se expressassem mais pelos sinais exteriores da roupa, mas através das qualidades pessoais de cada um. (SOUZA, 2001, p. 80)

É compreensível que o homem não tenha mais o mesmo interesse na elaboração do seu traje, ou pela moda. O homem substituiu-o pelo interesse em outras áreas de projeção e por outras formas de atuação; eis, então, os motivos que levaram o homem oitocentista a se recolher na casaca escura e sóbria. Não é mais função da roupa destacar o homem que a veste, mas, como disse Souza (2001), fazê-lo desaparecer no meio da multidão. O seu reconhecimento deverá então, emergir de sua carreira, seus negócios, sua posição social, sua família, seus talentos e habilidades pessoais.

Parece, pois, que o homem oitocentista passa a usar sua indumentária não apenas para não valorizar ou não revelar seus atributos físicos, mas para ocultá-los mesmo, para mascará-los. A casaca escura e sóbria a que o homem se recolheu nesse período semelhante à casca que oculta a fruta, como se refere Dom Casmurro quando se lembra da Capitu menina: a fruta dentro da casca. Nesse sentido, também está na Capitu menina essa recolha, essa omissão, a "grande renúncia masculina", lembra Souza (2001) que é como chamam os psicanalistas, citando Flügel (1966).

Pode-se apontar uma situação nunca antes tão marcada, em termos de vestuário: esse "antagonismo" que divide os sexos através de diferenças cruciais que podem ser vistas nas roupas, no tom de voz, nos movimentos corporais. A autora ressalta a dificuldade diante desse quadro: descobrir o que veio da natureza e o que veio de "séculos de mútua segregação e de tarefas diversas." (SOUZA, 2001, p. 55)

9. Um exemplo de elegância masculina: casaca e colete bordado com gravata.

Da mulher era esperado que fosse bela e delicada, que fosse contida ao mesmo tempo que se mostrasse, que fosse um poço de virtudes e bondade ao mesmo tempo que sedutora, causando admiração e desejo.

Esse movimento de exposição e recolhimento, controverso em certa medida, era uma arte na qual a mulher devia se esmerar para que pudesse se movimentar na sociedade.

Em Capitu podemos observar a construção de uma personagem feminina que é aparentemente ousada para a sua época, mas que procura manter uma suposta obediência às regras e costumes de seu tempo. Há na personagem a delicadeza feminina sem os artifícios da moda e também a obstinação masculina: ela se deixa levar, ao mesmo tempo que luta por seus desejos. Em direção oposta às mulheres do seu tempo, Capitu não usava o poder da moda, enquanto solteira, para atingir seus objetivos. Talvez seja essa a característica mais sedutora da mais famosa e enigmática personagem machadiana. E é provavelmente o fato mais intrigante no que diz respeito à sua indumentária no romance: há uma divisão nítida entre o vestuário de solteira e o de casada, sendo que ambos não constituem uma unidade, o que poderíamos chamar de estilo próprio.

Esse século xix – em que "os rapazes só se dirigiam às moças com um solene 'senhora dona' e as moças aos rapazes com um 'vossa senhoria" (Macedo, 1942, p. x), independente da relação afetiva ser de amizade ou de namoro, e em que os pais eram chamados pelos filhos de "vossas mercês" –, era marcado pelo patriarcalismo determinante e irá nos apresentar, mais do que em outro momento histórico, discrepâncias entre homens e mulheres através do vestuário. Está refletida na roupa a condição da mulher que vivia confinada aos arredores de sua casa, cuidada e vigiada pelos homens da família, à espera do casamento que era considerado "a libertação, a única forma admitida de libertação para sair de um estado social e moral que ameaçava as donzelas com o estigma humilhante do celibato." (Macedo, 1942, p. xii)

Araújo nos expõe esse quadro em seu artigo sobre a sexualidade feminina na colônia:

> Corre a missa. De repente, uma troca de olhares, um rápido desvio do rosto, o coração aflito, a respiração arfante, o desejo abrasa o corpo. Que fazer? Acompanhada dos pais, cercada de irmãos e criadas, nada podia fazer, exceto esperar. Esperar que o belo rapaz fosse bem-intencionado, que tomasse a iniciativa da corte e se comportasse de acordo com as regras da moral e dos bons costumes, sob o indispensável consentimento paterno e aos olhos atentos de uma tia ou de uma criada de confiança (de seu pai, naturalmente). (ARAÚJO, 2004, p. 45)

O autor deixa claro mais a seguir em seu artigo o objetivo de tamanho controle sobre a mulher: "abafar a sexualidade feminina que, ao rebentar as amarras, ameaçava o equilíbrio doméstico, a segurança do grupo social e a própria ordem das instituições civis e eclesiásticas." (ARAÚJO, 2004, p. 45) E, acrescentamos nós, o patriarcalismo imperante. Visando a esse "adestramento da sexualidade feminina" as mulheres eram mantidas quase em regime de clausura ou sob severa vigília.[22] Segundo Calmon (2002), "refinam-se os hábitos coloniais, porém não se alteram profundamente", demonstrando que os costumes coloniais ainda prevalecem durante um bom período do século XIX.

Segundo Stein, a idade da moça casadoira era bastante demarcada, o que poderia deixar algumas apavoradas e apressadas:

---

22 "Nos casamentos das classes altas, a respeito dos quais temos documentos e informações, a virgindade feminina era um requisito fundamental. Independentemente de ter sido ou não praticada como um valor ético propriamente dito, a virgindade funcionava como um dispositivo para manter o *status* da noiva como objeto de valor econômico e político, sobre o qual se assentaria o sistema de herança de propriedade que garantia linhagem da parentela." (D'INCAO, 2004, p. 235)

As moças casavam muito cedo, com treze ou catorze anos. Se entrassem na casa dos vinte sem pretendentes já podiam ser consideradas "solteironas". E, tendo em vista a idade em que se dava o casamento, não se pode falar em decisão baseada em espírito de responsabilidade. Se a vontade da menina era secundária, importante para o futuro casamento era o dote que trouxesse consigo. [...] o dote não era posse da mulher que com ele entrara para a união conjugal; ele significava, antes, uma contribuição da casa paterna à subsistência da filha – e era administrado pelo novo responsável por este sustento, o marido. (STEIN, 1984, p. 31)

Em *Dom Casmurro*, podemos perceber na personagem Capitu esse cenário bem marcado, pois, se uma mulher de vinte anos já poderia se considerada solteirona (se ainda não tivesse contraído matrimônio), a menina de quatorze, quinze anos como Capitu, deveria ter algum pretendente que pudesse desposá-la já. O desejo de casamento não poderia nunca partir da moça, porém, pelo menos abertamente, mas sim do rapaz ou dos pais de ambos. Ela deveria ficar aguardando o pedido ou a informação dos pais de que ela iria se casar com determinada pessoa.

O narrador parece explicitar em Capitu a atitude de quem não espera e sim a de quem busca a realização de seus objetivos, o que nos leva, enquanto leitores, a pensar que isso também se dá quanto ao desejo de se casar. Vejamos o seguinte trecho:

Como vês, Capitu, aos quatorze anos, tinha já ideias atrevidas, muito menos que outras que lhe vieram depois; mas eram só atrevidas em si, na prática faziam-se hábeis, sinuosas, surdas, e alcançavam o fim proposto, não de salto, mas aos saltinhos.

> Não sei se me explico bem. Suponde uma concepção grande
> executada por meios pequenos. (p. 55)

Está aí a arte feminina, ir conseguindo as coisas devagar sem ser percebida ou denunciada, pelo menos não por todos, "por meios pequenos."

É José Dias quem expressa a ideia de que Capitu anda em busca de casamento, numa conversa com Bentinho quando este, ainda no seminário, pergunta ao agregado por Capitu, e ouve a resposta: "Tem andado alegre, como sempre; é uma tontinha. Aquilo enquanto não pegar algum peralta da vizinhança, que case com ela..." (p. 124) Bentinho fica apavorado com a ideia de Capitu casar-se com outro homem e já aí aparece o seu caráter ciumento: "se ela vivia alegre é que já namorava a outro, acompanhá-lo-ia com os olhos na rua, falar-lhe-ia à janela, às avemarias, trocariam flores e..." (p.125)[23]

Capitu, sob o olhar do narrador, parece ter pressa de encontrar um pretendente, o que é sempre lembrado por José Dias. Este expõe dúvidas com relação a suas reais intenções: se é somente amiga de Bentinho ou se vê no rapaz a possibilidade de matrimônio e enriquecimento. É muitas vezes por José Dias que o narrador incute no leitor a imagem de Capitu como a moça esperta e capaz de lutar por um bom casamento para elevar sua condição social e de sua família. Então, uma das possibilidades para o romance passa a ser a de que Capitu se casara com Bentinho por interesse; assim poderia traí-lo, sendo tão dissimulada como o disse José Dias.

Há outras possibilidades que emergem no decorrer da narrativa, ou outros fatos que vêm contradizer esses sugeridos. Por exemplo, José Dias passa a aceitar a união de Capitu e Bentinho: "Um dia, comparou-nos a aves criadas em dous vãos de telhado contíguos." (p. 180) Sendo tão

---

23 Podemos conhecer no trecho citado algumas características do funcionamento do namoro no século xix, meio às escondidas, aproveitando-se de situações de forma que nada parecesse planejado.

contraditória como é a personagem José Dias, como demonstraremos mais à frente, não surpreende que mude de opinião de acordo com seus interesses momentâneos.

José Dias baseava-se na condição financeira de Capitu, que é apresentada na narrativa como uma moça de família pobre, sem recursos e relacionamentos que pudessem lhe garantir um bom pretendente, mas que tem no amigo de infância, rico e de boa família, a possibilidade de mudança de sua sorte.[24] José Dias é assim uma das personagens mais importantes para a manutenção da ambiguidade no romance. Denuncia à mãe de Bentinho a possibilidade de que este não viesse a tornar-se padre e fala a Bentinho dos supostos amores de Capitu, expondo assim essa face da mulher solteira do século XIX mostrando-nos mais uma vez a aparente ingenuidade da personagem diante da perspicácia de Capitu:

> É um modo de falar. Em segredinhos, sempre juntos. Bentinho quase que não sai de lá. A pequena é uma desmiolada; o pai faz que não vê; tomara êle que as cousas corressem de maneira, que (...) Compreendo o seu gosto; a senhora não crê em tais cálculos, parece-lhe que todos têm a alma cândida(...) (p. 27)

José Dias envolve também a família de Capitu, dizendo que poderiam desejar essa união e até mesmo poderiam colaborar para que acontecesse. O narrador confirma isso no episódio do penteado em que ocorre o primeiro beijo: quando a mãe de Capitu os deixa a sós, para o narrador pode não ter sido por acaso, mas não chega a afirmar isso, deixando a suspeita nas entrelinhas, como tudo no romance. A descrição dos olhos de Capitu por José Dias parece ser um grande artifício

---

24 Analisaremos mais à frente a personagem Pádua, pai de Capitu, para compreendermos a condição social da família, como aparece no romance.

A sociedade e a moda do século XIX: o jogo irônico em *Dom Casmurro* 99

do narrador para manter essa nuvem de dúvidas sobre a personagem. Vejamos o que diz:

> Capitu, apesar daqueles olhos que o diabo lhe deu (...) Você já reparou nos olhos dela? São assim de cigana oblíqua e dissimulada. Pois, apesar dêles, poderia passar, se não fôsse a vaidade e a adulação. Oh! A adulação! D. Fortunata merece estima, e êle não nego que seja honesto, tem um bom emprêgo, possui casa em que mora, mas honestidade e estima não bastam, e as outras qualidades perdem muito de valor com as más companhias em que êle anda. Pádua tem uma tendência para gente reles. Em lhe cheirando a homem chulo é com êle. Não digo isto por ódio, nem porque êle fale mal de mim e se ria, como se riu, há dias, dos meus sapatos acalcanhados(...) (p. 63)

Podemos observar a presença de várias informações nada isentas. José Dias diz a Bentinho que Capitu e sua família não eram de sua classe social, que são reles como a gente com quem anda Pádua, o pai de Capitu. Ela própria é definida de forma a deixar muitas dúvidas sobre suas atitudes, "olhos que o Diabo lhe deu", "cigana oblíqua e dissimulada". Enfim, resume que são pessoas honestas e estimáveis, mas que não são companhia para Bentinho, insinuando talvez que Capitu também não seja companhia ideal para ele. Isso não está dito claramente, mas é o que o narrador nos faz entender. Sabemos que José Dias sugeriu que havia intenção da família de Capitu e dela própria na realização do casamento dos jovens, então pensaremos que está dizendo que ela não é a moça ideal para Bentinho, e nem sua família. Mas o narrador arremata a fala de José Dias dizendo que Pádua se riu dele por conta de uns sapatos "acalcanhados", e nos põe em dúvida. Não está então José Dias, como ele mesmo disse, com "ódio" por ter sido alvo de piadas e, portanto, destilando esse ódio falando mal da família?

No século XIX o casamento era então quase que a única opção para a mulher que desejava ascensão social e que não queria se ver desvaloriza-da nas outras opções restantes: o solteirismo, o convento e o magistério. Stein reflete a esse respeito:

> A única possibilidade de comunicação com o exterior e atu-ação fora do lar era o exercício do magistério primário. Esta profissão era admitida exclusivamente para a mulher de classe média e, assim mesmo, com restrições: preferivelmente, ela não deveria exercer nenhuma atividade remunerada, pois isto im-plica queda do nível social.[25] A carreira de professora era antes reservada àquelas com menos recursos e que se viam obrigadas a trabalhar. Portanto, solteirismo, convento e magistério equi-valiam a desvalorização, restando o casamento como alternati-va social ideal, em que, todavia – e eis um ponto central – não há alteração essencial da situação feminina, do ponto de vista da independência pessoal e desenvolvimento e realização espi-ritual/intelectual como indivíduo. (Stein, 1984, p. 32)

A importância do casamento para a mulher do século XIX era de tão grande abrangência que afetava toda a sua vida. Essa condição podia ser identificada através de seu vestuário, como apontamos anteriormente no trecho sobre os sapatinhos de fitas da infância e as botinas que Capitu passou a usar depois de casada. A condição de casada da personagem torna-se explícita através do vestuário num trecho da narrativa em que o narrador conta a alegria da personagem ao usar pela primeira vez em público o seu "chapéu de casada",[26] ainda na lua de mel:

---

25 Stein buscou esta informação em Gilda de Mello e Souza, *A moda do século XIX*.

26 "Chapéu de pala: chapéu feminino em formato de capuz, com ou sem aba fron-tal, o qual cobria o alto, os lados e a parte posterior da cabeça. Era amarrado sob

A alegria com que pôs o seu chapéu de casada, e o ar de casada com que me deu a mão para entrar e sair do carro, e o braço para andar na rua, tudo me mostrou que a causa da impaciência de Capitu eram os sinais exteriores do novo estado. Não lhe bastava ser casada entre quatro paredes e algumas árvores; precisava do resto do mundo também. (p. 179)

10. Vestido de noiva de 1855: mangas em pagoda e metros e metros de seda e linho para realçar a pureza da noiva.

o queixo. No século XIX, os chapéus de pala eram geralmente feitos de palha e adornados de crepe, renda, cetim, seda ou veludo. Alguns modelos deixavam o rosto descoberto, enquanto outros atingiam proporções tão exageradas que era impossível ver o rosto, exceto pela frente. Laços, habitualmente de fita, eram presos à aba ou costurados à parte interna do chapéu. No início do século XX, o chapéu de pala raras vezes era usado como peça de moda. Também conhecido como chapéu boneca ou, no inglês, *poke bonnet*." (O´Hara, 1992, p. 77)

D'Incao (2004) esclarece a importância da mulher burguesa para a família:

> Da esposa do rico comerciante ou do profissional liberal, do grande proprietário investidor ou do alto funcionário do governo, das mulheres passa a depender também o sucesso da família, quer em manter seu elevado nível e prestígio social já existentes, quer em empurrar o *status* do grupo familiar mais e mais para cima. (D'INCAO, 2004, p. 229)

11. Vestido para o dia de 1850, seda e tafetá em cinco camadas de babados.

A sociedade e a moda do século XIX: o jogo irônico em *Dom Casmurro* 103

A autora ressalta que os homens desejavam que suas mulheres possuíssem uma imagem que impressionasse seu grupo de convívio. A esse respeito analisamos anteriormente o capítulo CV, "Os braços", em que Capitu se veste para ir a um baile. Embora a autoridade familiar estivesse em mãos masculinas, o pai ou o marido, as mulheres significavam "um capital simbólico importante". Esse papel de esposa e mãe primorosa, bem como de vitrine do poder aquisitivo da família, era o que se esperava da mulher.

Podemos, portanto perceber a diferença primordial entre o papel social masculino e o feminino na sociedade do século XIX, sendo que os homens tinham acesso a uma carreira, aos negócios, à política, ao pensamento; as mulheres podiam apenas se dedicar aos afazeres domésticos, ao cuidado da casa e dos filhos e à moda, talvez sua única forma de expressão pessoal.

O afastamento de interesses masculinos e femininos característico do século XIX pode ser observado no romance *Dom Casmurro*, de Machado de Assis, no seguinte trecho do capítulo LXXXII, "O canapé":

> Data daí a opinião particular que tenho do canapé. Êle faz aliar a intimidade e o decôro, e mostra a casa tôda sem sair da sala. Dous homens sentados nêle podem debater o destino de um império, e duas mulheres a graça de um vestido; mas, um homem e uma mulher só por aberração das leis naturais dirão outra coisa que não seja de si mesmos. Foi o que fizemos, Capitu e eu. (p. 152)

Percebemos a diferença peculiar entre os interesses dos dois sexos que só se ligavam quando associados a assuntos amorosos. Às mulheres apenas a questão da aparência, com destaque para a moda, e aos homens questões determinantes da política e do mundo. Interessante é perceber como, apesar de opostos, esses interesses se encaixavam tão bem visando à constituição e consolidação da família.

Há ainda em *Dom Casmurro*, uma apreciação sobre as mulheres, a qual define com muita sutileza o espírito feminino do século xix:

> Ao cabo de seis meses, Ezequiel falou-me em uma viagem à Grécia, ao Egito, e à Palestina, viagem científica, promessa feita a alguns amigos.
>
> – De que sexo? perguntei rindo.
>
> Sorria vexado, e respondeu-me que as mulheres eram criaturas tão da moda e do dia que nunca haviam de entender uma ruína de trinta séculos. (p. 232)

Na expressão citada em *Dom Casmurro*, "criaturas tão da moda e do dia", está sintetizado o pensamento do que deveria envolver a vida de uma mulher: assuntos frívolos, pois era assim que a moda era vista, e as coisas do dia, crianças, bordados, chás, organização e gerenciamento da casa.

As diferenças entre os sexos tão marcadamente notadas no século xix podem ser observadas até mesmo em detalhes, como por exemplo, no uso de tecidos para o vestuário. Segundo Souza (2001), os tecidos vaporosos (a batista, a musselina, a tarlatana, o organdi) eram privativos das mulheres, até 1850. A partir de então é que alguns tecidos pesados são incorporados ao guarda-roupa feminino, como o veludo, a seda adamascada, os brocados, os tafetás, o gorgorão, o cetim, que, segundo a autora, eram característicos da segunda metade do século. Para o sexo masculino os tecidos ásperos tomaram lugar das sedas, cetins e brocados usados anteriormente, no século xviii. Souza diz que ao fim do século o homem estará acomodado à existência monótona do linho e da lã. Eis o resumo do pensamento da autora sobre a moda do século xix:

A sociedade e a moda do século XIX: o jogo irônico em *Dom Casmurro* 105

> Mais do que nas épocas anteriores, ela [a moda] afastou o grupo masculino do feminino, conferindo a cada um uma forma diferente, um conjunto diverso de tecidos e cores, restrito para o homem, abundante para a mulher, exilando o primeiro numa existência sombria onde a beleza está ausente, enquanto afoga a segunda em fofos e laçarotes. Este mesmo panorama que nos é fornecido pela análise fria da moda, no livro de especialista ou na prancha do figurino, ressalta da pintura e do romance do século XIX. (SOUZA, 2001, p. 71)

Podemos observar que essa diferença entre o vestuário masculino e o feminino do século XIX, que se revela quase que como uma oposição de caminhos pelo olhar da moda, reflete as mudanças da sociedade a que os dois sexos estavam submetidos. Os pares presentes no romance refletem essas diferenças

O universo feminino e suas possibilidades

Cabe aqui inserir uma reflexão sobre a capacidade – e possibilidade – de livre pensar da mulher no século XIX, e como isso se refletiu na literatura e na moda, e ainda, como podemos perceber a construção de Capitu e outras mulheres do romance mediante essa perspectiva.

Visto que a moda é um fenômeno reflexo das circunstâncias que envolvem o período vigente, é notável que ela surja com força maior de distinção sexual a partir do momento em que o homem passa a se preocupar com o eu, com as qualidades interiores que possa revelar através da profissão e da constituição de uma família exemplar, valores extremamente importantes para esse homem oitocentista. Já à mulher fica reservado um papel de coadjuvante e, nesse papel, não lhe é permitido fazer escolhas explícitas, apenas articular as situações na medida do possível, de forma a conseguir realizar seus desejos. E, mesmo assim, a ela não é permitido o acesso a algumas áreas de realização pessoal, como a profissional, por exemplo.[27]

Quanto à educação feminina, temos em *Dom Casmurro* um exemplo através de Capitu:

> Era também mais curiosa. As curiosidades de Capitu dão para um capítulo. Eram de vária espécie, explicáveis e inexplicáveis, assim úteis como inúteis, umas graves, outras frívolas; gostava de saber tudo. No colégio onde, desde os sete anos, aprendera a ler, escrever e contar, francês, doutrina e obras de agulha, não aprendeu por exemplo, a fazer renda; por isso mesmo, quis que prima Justina lho ensinasse. Se não estudou latim com o Padre Cabral foi porque o padre, depois de lho propor gracejando, acabou dizendo que latim não era língua de meninas. Capitu confessou-me um dia que esta razão acendeu nela o desejo de o saber. Em compensação, quis aprender inglês com um velho professor amigo do pai e parceiro dêste ao solo, mas não foi adiante. Tio Cosme ensinou-lhe gamão. (p. 73)

Capitu tem o desejo de aprender mais do que é permitido às mulheres, mas isso lhe é negado. Elas não deveriam saber muito, apenas o bastante para exercer suas funções de esposa e mãe e o que a vida nos salões exigia. É importante para a caracterização da personagem Capitu o desejo de saber mais do que lhe é permitido, pois tem assim o narrador

---

27 Sobre o trabalho feminino no século XIX, estudado através dos textos de viajantes e estrangeiros que visitaram o Brasil, Leite escreve: "Dois preconceitos, apresentados por homens e mulheres, pesavam sobre a atividade feminina – o desprezo pelo trabalho manual e o ideal da mulher reclusa. O escravismo acentuava vigorosamente os dois preconceitos, superpondo-os. O trabalho manual e a rua eram coisas de escrava ou prostituta. A confusão explícita ou implícita das duas categorias apareceu em muitos textos." (LEITE, 1993, p. 89)

A sociedade e a moda do século XIX: o jogo irônico em *Dom Casmurro* 107

o elemento diferenciador que configura a imagem da mulher aparentemente obstinada e poderosa que permeia o romance. Dessa forma é possível propor uma hipótese para a personagem: a de que ela é mais do que as mulheres do período, que ela é uma mulher forte e inteligente, e que pode ser também manipuladora, como parece insinuar muitas vezes o narrador. Parece, entretanto, pelo comportamento sempre ambíguo de Capitu que essa hipótese não pode ser confirmada.

Como vimos anteriormente, para a mulher do século XIX fica como opção única de realização pessoal o casamento. Não partia dela a escolha de seu futuro, pois este dependia dos desejos do pai e, depois de casada, dos desejos do marido. A mulher então estava sempre com sua felicidade nas mãos do homem que geria a família.

Esse papel feminino na sociedade do período fica exposto no romance através da personagem D. Glória, mãe de Bentinho, uma viúva. No capítulo VII, "D. Glória", o narrador descreve a mãe:

> Era ainda bonita e môça, mas teimava em esconder os saldos da juventude, por mais que a natureza quisesse preservá-la da ação do tempo. Vivia metida em um eterno vestido escuro, sem adornos, com um xale[28] prêto, dobrado em retângulo e

---

28 "Xale: pedaço de tecido quadrado ou retangular usado em volta dos ombros e amarrado frouxamente sobre o busto. (...) No início da década de 1800, os xales eram pequenos quadrados de seda; a partir da década de 1830, porém, surgiram como importantes peças de moda. As saias ficaram mais rodadas, e capinhas e mantos tornaram-se insuficientes porque não cobriam adequadamente a exagerada silhueta. Os xales eram a alternativa, tanto dentro como fora de casa. Variavam das compridas estolas das décadas de 1830 e 1840 aos enormes xales das décadas de 1850 e 1860, que se destinavam a envolver a crinolina." (O'HARA, 1992, p. 292)

abroxado ao peito por um camafeu.[29] Os cabelos, em bandós,[30] eram apanhados sôbre a nuca por um velho pente de tartaruga; alguma vez trazia touca branca de folhos. Lidava assim com seus sapatos de cordão rasos e surdos, a um lado e outro, vendo e guiando os serviços da casa inteira, desde manhã até a noite. (p. 34)

Temos a descrição de uma mulher que veste o luto pelo marido e ocupa seu dia "guiando os serviços da casa inteira", e, sendo uma mulher de posses, não precisava trabalhar.

O descritivo de sua indumentária confirma a silhueta do período que era a de um triângulo com a base larga, que, segundo Laver (1989), se dava pelo uso do xale ou mantelete jogado aos ombros, afinando a parte superior, e a saia ampla de crinolina formava a base do triângulo. De acordo com sua condição de viúva não usava adornos, apenas um camafeu que unia as pontas do xale. O penteado era o da moda no momento, "em bandós", fazendo uns apanhados que se encontravam na parte de trás da cabeça.[31]

---

29 "Camafeu: pedra dura, geralmente ágata, ônix ou sardônica, na qual era cortado um desenho em relevo. Foi popular na Grécia durante o período helenístico. No século I a.C., a produção de camafeus estava centrada em Roma. Nos séculos XVIII e XIX, cópias dos camafeus antigos eram o tipo de joia mais em moda, presos às blusas e vestidos ou usados numa fita em volta do pescoço." (O'HARA, 1992, p. 62)

30 "Bandó, s. f. (do fr. bandeau): faixa, cinta com que se aperta a cabeça. / Penteado, em que o cabelo se divide para os dois lados, arrendando-se sobre a testa até as orelha (...)" (SILVA, 1948-59, p. 361)

31 Anúncios de jornais do ano de 1862, no Rio de Janeiro do século XIX, indicavam: "Estão na moda os penteados à 'Sevigné, Pompadour e Luiz XIII, postiches, cabeleiras, meias cabeleiras, cachos, folies, bandós', que variam de 15 a 20

A sociedade e a moda do século XIX: o jogo irônico em *Dom Casmurro* 109

12. Anúncio da loja de xales e tecidos Farmer's and Roger's em 1866: inspiração para Zola.

Com relação à possibilidade de uma mulher gerir uma casa, Stein esclarece:

> No que se refere à associação conjugal, as Ordenações Filipinas[32] são claras: designam o marido como "cabeça do casal", podendo somente após sua morte a mulher ocupar esta posição. É igualmente do marido a competência "de fixar o domicílio da família, de autorizar a profissão da mulher e dirigir a educação dos filhos". A admissão de que a mulher é capaz de exercer as funções de chefe de família – revela com clareza o caráter discriminatório da lei em relação àquela. (STEIN, 1984, p. 28)

mil réis. As cabeleiras chamadas à "Ninon", para os dois sexos, custam de 20 a 30 mil réis." (RENAULT, 1978, p. 208)

32 Leis portuguesas que regeram o direito civil brasileiro até 1890.

A autora situa o princípio de que a mulher era um ser inferior em todas as áreas de atuação: social, no que se refere ao casamento e vida familiar; educação, pois a mulher só tinha acesso ao ensino elementar de má qualidade; política, não tinha direito ao voto e não era reconhecida como cidadã; religiosa, com a união Estado-igreja católica romana (que durou até 1890, com a República), o matrimônio religioso era o único judicialmente reconhecido e a atividade sexual deveria ser monogâmica, mas na realidade isso valia apenas para a mulher que deveria ser virgem até o casamento e, após, manter-se fiel ao marido; jurídica, em caso de adultério apenas indícios seriam necessários para punições previstas em lei e, para o homem, deveria haver provas de uma "concubina teúda e manteúda" etc. Stein ressalta que a mulher era vista inclusive como "fisiologicamente inferior ao homem, dependendo dele e incapaz para a abordagem de questões mais sérias."[33] (STEIN, 1984, p. 28) Sobre sua função na família, Stein diz:

> A mulher ocupava na família uma função secundária, inferior à do homem. Ao lado da função procriadora, de assegurar herdeiros, a mulher de classe alta exercia a atividade de uma espécie de administradora das tarefas do lar. Dirigia os trabalhos da cozinha, supervisionava a arrumação da casa e o cuidado das amas e escravas com as crianças, ocupava-se de serviços de costura e providenciava e organizava reuniões e festas. Como mãe, tinha a responsabilidade da primeira transmissão de valores e do "aperfeiçoamento moral dos filhos". (STEIN, 1984, p. 23)

---

33 A autora refere-se aos debates sobre a educação feminina na Assembleia de Pernambuco durante a sessão de 22 de março de 1879, com a participação de Tobias Barreto e do deputado Malaquias.

A sociedade e a moda do século XIX: o jogo irônico em *Dom Casmurro* 111

D. Glória representa, no romance *Dom Casmurro*, essa mulher de classe alta do período, que executava as tarefas de administração da casa e que passou a ter um certo poder somente após a morte do marido. Mas é também sabido que moram com ela o irmão, Cosme, e a prima, Justina, os três viúvos. Esta última vivia em casa dos Santiago, segundo o narrador: "por favor de minha mãe, e também por interêsse; minha mãe queria ter uma senhora íntima ao pé de si, e antes parenta que estranha." (p. 59) Tal quadro aponta para a quase impossibilidade de realização afetiva e profissional.

E quanto ao amor? É característico do período o que Cidreira (2005) chama de "o amor cortês" e o que D'Incao (2004) chama de "amor romântico". Para Cidreira, um dos fatores que colaborou para que a moda se constituísse

> (...) enquanto sistema foi o ideal de vida cavalheiresca que na Europa se insinuou na virada dos séculos XI e XII, e manifestou-se, por volta do século XIV, com mais intensidade e propriedade.
>
> Os valores da classe senhorial são superados e o que prevalece é a preciosidade galante. Não mais o homem forte, guerreiro e provedor, mas, sim, o homem de boas maneiras, que possua qualidades literárias, de preferência, e que tenha um certo primor no ato de vestir. É o ideal do verdadeiro cavalheiro que sabe cortejar uma mulher! (CIDREIRA, 2005, p. 45)

A autora reflete sobre o pensamento do historiador Denis de Rougemont que credita o nascimento do amor cortês a uma reação contra a anarquia dos costumes feudais, e que resulta numa exaltação da paixão, e, consequentemente, numa divinização da mulher, "da dama pelo cavalheiro". Há também outras implicações de ordem religiosa que, segundo a autora, culminam por criar o "amor-paixão":

> Esse amor-paixão traz consigo um novo código de conduta em que há uma forte sublimação do impulso sexual, acompanhado da superestima e da celebração da mulher amada, submissão e obediência do amante à dama. Vê-se, desse modo, uma transformação profunda no estabelecimento das relações entre os sexos, sobretudo, nas relações de sedução. (CIDREIRA, 2005, p. 47)

É então que podemos tentar compreender o que ocorre no século XIX no que se refere ao espaço íntimo da mulher, da realização dos seus desejos e da projeção de sua personalidade na sociedade. A mulher só poderá ser conquistada através da corte e não mais da força bruta. Mas outras forças ainda atuam na submissão dessa mulher ao desejo de conquista do homem: são os casamentos de interesse.

No amor cortês desenvolvido na Idade Média está a raiz do amor romântico, analisado por D´Incao, na burguesia do século XIX:

> Nos sentimentos, ocorreu uma mudança na sensibilidade em relação ao que se chamava ora de amor, ora de sexualidade. Como consequência, teria havido um afastamento dos corpos que passaram a ser mediados por um conjunto de regras prescritas pelo *amor romântico*. (D´INCAO, 2004, p. 230)

Esse panorama expresso pelas duas autoras apresenta um cenário que exibe a mulher como detentora do poder sobre o amor masculino, como receptora desse amor que só se realiza por sua vontade, e, enfim, como possuidora das artimanhas para deixar-se conquistar. Por outro lado, o homem é visto como artífice desse amor, ao venerar a "dama", deusa inatingível e misteriosa. Mas a realidade não se configurava dessa forma. Como vimos, o amor no século XIX não era prioridade para a

A sociedade e a moda do século xix: o jogo irônico em *Dom Casmurro*   113

constituição da família e, na maioria das vezes, era vivido apenas na ficção pela mulher. Maria João Brilhante, em um estudo sobre o feminino em Garrett, comenta:

> As figuras femininas na literatura, e não apenas romântica, parecem muitas vezes possuir uma autonomia e um poder sobre os seus parceiros masculinos que advêm dessa idealização produtora de uma (des)ordem aparentemente contrária aos reais papéis e lugares que lhes cabem fora da ficção. Anjos ou demônios são, nesse caso, representadas como manipuladoras e, cume da idealização, capazes de converter a diferença (doçura, fraqueza, intimismo, sensibilidade) em vantagem sobre o Outro masculino. (BRILHANTE, 2006. p. 36)

Desse amor cortês ou romântico resultou o "jogo de esconde-esconde" de que fala Souza (2001), no qual a mulher deve ser perita no mostrar e esconder, no ser e no (a)parecer; dele resulta a espera da atitude do homem, a passividade. Há também um aparente poder de escolha nas mãos da mulher, pois, enquanto ser desejado e idealizado (e cortejado), deveria aceitar o amor do outro ou não. O que não acontecia com tanta facilidade fora da ficção.

Brilhante revela uma "ideia romântica do feminino" que aparece na literatura do século xix, destinada ao público leitor feminino. D´Incao diz das "heroínas românticas, langorosas e sofredoras" que "acabam por incentivar a idealização das relações amorosas e das perspectivas de casamento." (D´INCAO, 2004, p. 229)

Fato é que uma luta silenciosa era travada no íntimo da mulher oitocentista: a busca da realização do amor romântico e ao mesmo tempo a busca de um casamento que lhe proporcionasse um lugar na sociedade patriarcal do período, sociedade esta que não lhe permitia a posse de si mesma. Portanto, a manipulação torna-se o atributo necessário e fundamental para a mulher sobreviver e afirmar-se enquanto ser que possui sentimentos e desejos de projeção de sua identidade, na sociedade do século XIX.

Esses elementos são úteis para a nossa compreensão de Capitu, moça "casadoira" de quatorze anos, com uma condição social situada entre os mais abastados e os escravos e trabalhadores livres. Pertencente a uma camada média da sociedade, Capitu poderia ter os sonhos do amor romântico, mas também o desejo de um casamento com perspectiva de ascensão social. Parecem estar na construção da personagem os traços de manipulação pertinentes à mulher com os atributos descritos acima. Na voz do narrador, "Capitu era Capitu, isto é, uma criatura mui particular, mais mulher do que eu era homem." (p. 73)

Capitu conseguia falar uma coisa e pensar outra, dissimular situações íntimas entre ela e Bentinho, o que este não conseguia, fazer planos para manipular José Dias e, por conseguinte, D. Glória, para destituí-la da vontade de enviar Bentinho ao seminário, entre tantas outras coisas, ditas pelo narrador, que nos fazem, leitores, imaginá-la ao mesmo tempo que anjo – de vestido de chita e tranças amarradas, correndo pela casa em brincadeiras –, e demônio – de vestido à moda saia balão, com babados grandes...

D'Incao analisa os romances machadianos no que se refere à constituição da família burguesa e ao amor no século XIX:

> Nos romances machadianos escritos a partir de 1882, as famílias são predominantemente urbanas e restritas ao marido, esposa e filhos. O triângulo amoroso tenciona as tramas. O sentimento amoroso restringe-se a marido e mulher, aos enamorados ou aos amantes e torna-se mais complexo, conflituoso, ambíguo. As próprias personagens, e não mais o destino, tornam-se irônicas, cínicas e cruéis. "A convivência educada vai ganhando dimensões de hipocrisia e de sobrevivência individual." O amor, não mais abafado sob travesseiros, é retra-

A sociedade e a moda do século xix: o jogo irônico em *Dom Casmurro*   115

tado como distração ou tédio (em *Memórias póstumas de Brás Cubas*), como motivo de ciúme ou loucura (*Dom Casmurro* e *Quincas Borba*). O casamento ainda ocorre por conveniência, agora, um objetivo possível de ser atingido por meio de manipulações e estratégias. Os círculos sociais se ampliam, as mulheres da elite saem às ruas e salões exibidas e *coquettes*, rapazes ambiciosos abraçam profissões liberais e adentram os salões das melhores famílias – ampliam-se o mercado conjugal e as possibilidades de escolha entre os grupos mais abastados. As normas de comportamento tornam-se mais tolerantes, desde que se mantenham as aparências e o prestígio das boas famílias não fique abalado. O amor, explorado por Machado de Assis, oscila entre um sentimento trágico transcendente – rebelde às demandas da sociedade burguesa e racional – e um amor raro, feito de pequenos gestos cotidianos e respeito mútuo, ascético, sem paixão.[34] (D'Incao, 2004, p. 238)

A ficção machadiana reflete uma realidade nada perfeita, em que o amor e as relações interpessoais não acontecem com um princípio descritivo, um meio atribulado e um final feliz, mas sim às avessas. Em *Dom Casmurro*, o estereótipo do amor romântico típico dos romances citados por D'Incao, que eram fonte de leitura da mulher oitocentista, não pode ser encontrado. A heroína sofredora não tem um final feliz e nem é uma heroína. Há sim uma proximidade com a realidade, mas esta como lugar em que nada é perfeito, em que não há verdades absolutas, sendo ao contrário, lugar do desencontro, da insatisfação e da dúvida. Por isso só conseguimos apreender dos meandros da narrativa a Capitu que o

---

34   Autora cita M. M. Leite, M. Massani. "Representações do amor e da família". In: Maria Ângela D'Incao (org.) *Amor e família no Brasil*. São Paulo: Contexto, 1989.

narrador nos apresenta, portadora de uma dupla imagem, carregada de ambiguidades, anjo e demônio, a fruta dentro da casca.

Essa dupla imagem de Capitu, que é reforçada por sua indumentária, e que parece fazer parte de uma estratégia narrativa que cria ambiguidades indissolúveis, culmina em uma grande dúvida: em qual das Capitus deverá o leitor acreditar? No anjo ou no demônio? Mas as duas são um construto da fala do narrador e são também compostas de extremos que na narrativa possuem dois significados possíveis, o bem e o mal. Portanto, não há, em *Dom Casmurro*, a possibilidade de fixar um sentido na trajetória da personagem Capitu, pois esta apresenta uma demarcação muito forte: a Capitu menina, antes de se casar, e a Capitu mulher, após o casamento. Uma sem grandes vaidades, quase desligada de sua aparência se não fossem os cuidados com os cabelos e mãos, a outra vaidosa, cuidadosa com a imagem, com seu corpo, com a sedução que passa por esses caminhos.

"Peraltas da vizinhança": o dandy

Como dissemos anteriormente, o narrador de *Dom Casmurro* parece apresentar Capitu como a moça oitocentista, pertencente a uma família sem muitos recursos, que deseja um bom casamento e para isso fará tudo que for possível; mas este também insere na narrativa alguns episódios que atestam o ciúme constante de Bentinho, e algumas vezes nos faz, leitores, pensar que sua mente está um tanto desnorteada por esses ciúmes. Enfim, nunca nos certificamos se há motivos reais para esses ciúmes, se serão mesmo infundados, e o que podemos sentir no decorrer da narrativa é que não há também o desejo de atestá-los e sim de deixar dúvidas sobre dúvidas. Há fatos que contradizem fatos, há interpretações que se desautorizam mutuamente.

A sociedade e a moda do século XIX: o jogo irônico em *Dom Casmurro*   117

No capítulo LXXII, o narrador descreve uma cena em que traz para a narrativa a atmosfera teatral, já mencionada sua presença na obra, e que se configura inicialmente no título do capítulo: "Uma reforma dramática". O narrador inconformado com o destino, que enquanto dramaturgo "não anuncia as peripécias e nem o desfecho" (p. 139), diz que certamente há uma coisa que ele "reformaria" nesse gênero – o teatro –, seria:

> (...) como ensaio, que as peças começassem pelo fim. Otelo mataria a si e a Desdêmona no primeiro ato, os três seguintes seriam dados à ação lenta e decrescente do ciúme, e o último ficaria só com as cenas iniciais da ameaça dos turcos, as explicações de Otelo e Desdêmona, e o bom conselho do fino Iago: "Mete dinheiro na bôlsa." (p. 140)

O narrador diz que daria maior espaço "à ação lenta e decrescente do ciúme" e que terminaria a peça com amenidades, deixando o trágico apenas no início. Parece ser essa também a intenção desse narrador, enquanto personagem que escreve uma obra autobiográfica, imprimir essa estrutura em sua obra, meio às avessas, contando primeiro o que seria o fim, descrevendo memórias que vão vindo e que denunciam também o ciúme, no caso o de Bentinho.

No capítulo seguinte, LXXIII, "O contra-regra", depois de citar o contra-regra desastrado de uma peça que assistira quando ainda moço, e que não tocou a trombeta do juízo final quando esta foi anunciada pelo ator, o narrador conta um episódio em que estava à janela com Capitu, e nesse momento passou um homem:

Assim se explicam a minha estada debaixo da janela de Capitu e a passagem de um cavaleiro, um *dandy*,[35] como então dizíamos. Montava um belo cavalo alazão, firme na sela, rédea na mão esquerda, a direita à cinta, botas de verniz, figura e postura esbeltas: a cara não me era desconhecida. Tinham passados outros, e ainda outros viriam atrás; todos iam às suas namoradas. Era uso do tempo namorar a cavalo. (...)

Ora, o *dandy* do cavalo baio não passou como os outros; era a trombeta do juízo final e soou a tempo; assim faz o Destino que é seu próprio contra-regra. O cavaleiro não se contentou em ir andando, mas voltou a cabeça para o nosso lado, o lado de Capitu, e olhou para Capitu, e Capitu para êle; o cavalo andava a cabeça do homem deixava-se ir voltando para trás. Tal foi o segundo dente de ciúme que me mordeu. (p. 141)

Isto é, o contra-regra, o destino, trabalhou direito, colocou-o onde deveria estar para presenciar a cena da passagem do *dandy*. Bentinho sentiu-se ferido de ciúmes. Sua imaginação voou longe, supôs que Capitu namorava o rapaz, que ele era um dos "peraltas da vizinhança" a que se referira José Dias. O episódio tem como característica marcante a acentuação do jogo com o leitor que acontece em toda a obra, expondo claramente a natureza do texto como coisa construída.

Não parece despropósito narrativo que o cavaleiro fosse um *dandy* que, segundo Souza, tem características marcadas no século XIX:

---

35 "Dândi ou dandismo [Do ing. *dandyism*]: diz-se de ação, processo, condição, crença em seguir a maneira de vestir do dândi; homem excessiva e ostensivamente refinado na maneira de se vestir e de se comportar. Esse estilo, que se apropriou da elegância dos costumes dos lordes ingleses (...)" (CATELLANI, 2003, p. 365)

A sociedade e a moda do século XIX: o jogo irônico em *Dom Casmurro*   119

> É que a roupa masculina perdera, no século XIX, sua função ornamental, deixando de ser uma arma de sedução erótica. (...) o *dandy* paga regularmente o alfaiate, mas se distingue do *macaroni* coberto de brocados que o antecedeu, porque veste-se simplesmente e suas roupas caem sem uma dobra. O "corte irrepreensível", "a fazenda superior... mas de cores modestas", a gravata sempre preta, embora de cetim e às vezes de "muitas voltas" – eis de agora em diante alguns sinais exteriores que informarão aos outros o lugar que ocupa na sociedade. (SOUZA, 2001, p. 74)

Há várias personalidades da época que têm sua imagem associada ao dandismo, como Beau Brummel, Oscar Wilde, Honoré de Balzac e Baudelaire, entre outros. O *dandy* tem sua força enquanto representante da oposição ao movimento que levou o homem aos excessos do século XVII e XVIII, aquele homem que valorizava mais o exterior e que era através de sua imagem que provinha o seu poder. Esse novo homem do período valoriza o intelecto, a razão e, portanto, a estética do excesso não lhe serve mais. Segundo Monteiro, o *dandy* estabeleceu novos padrões de masculinidade e, nas palavras da autora:

> O vestuário masculino do século XIX era uma adaptação do traje de campo e esportivo do séc. XVIII. Foi o dândi que o transformou em estilo dominante, impondo uma estética que se opunha ao exagero de rendas, brocados e pó-de-arroz dos aristocratas pré-Revolução Francesa. Para Beau Brummel, seu criador, o novo estilo significava nada de perfumes. O papel do dândi implicava numa preocupação com o eu e a apresentação pessoal; a imagem era tudo.
>
> Muitas vezes não tinha profissão, nome de família (snob: sem nobreza) e, aparentemente nenhum meio de sustento econômico, mas acabou por criar o arquétipo do novo homem urbano. A sua

> dedicação a um ideal de vestuário que santificava a sutileza, inaugurou uma época que punha o tecido, o corte e a queda do traje à frente do adorno, opunha o clássico retilíneo à cor e ostentação do rebuscado traje barroco e rococó. (Monteiro, 2006)

A imagem do *dandy* só se tornou possível diante da nova configuração da sociedade ocorrida no século xix, ou, podemos dizer, foi criada por essa sociedade. É natural que quando o homem pudesse mover-se com mais liberdade dentro das classes sociais isto o levaria a novos objetivos e perspectivas na sociedade. E como qualquer alteração desse porte culmina por atingir a moda, surgem daí novas figuras, novas personagens sociais, mesmo que numa tentativa de ir contra a moda. No caso do *dandy*, ao esquivar-se do que era moda no momento, "exagero de rendas, brocados e pó-de-arroz dos aristocratas pré-Revolução Francesa", criou-se o que Monteiro (2006) chama de "antimoda masculina", a nova proposta do século xix, baseada na roupa de campo inglesa.

Braga cita o *dandy* em um artigo e o contextualiza no Romantismo:

> No século xix, com o Romantismo, surge um novo conceito de moda masculina na Inglaterra. George Brummel é o ícone de elegância, com suas propostas requintadíssimas de modos e modas, criando o estilo dândi, ou seja, algo de primeira ordem em comportamento e trajes. É a sofisticação levada às últimas consequências.
>
> Se o dândi foi certinho e arrumadinho no século xix, nos anos 1920 temos o seu correspondente no "almofadinha"; nos anos 1950, no "janota"; nos anos 1980, no "yuppie"; e nos anos 1990, no "mauricinho". (Braga, 2006, p. 68)

A sociedade e a moda do século XIX: o jogo irônico em *Dom Casmurro* 121

O *dandy* foi, para o século XIX, a expressão dos resquícios de vaidade masculina remanescentes dos séculos anteriores quando faziam parte de sua indumentária, segundo Braga, "brincos, saias, meias justas, maquiagem, perucas, bordados, laços, saltos altos, cores vivas etc." (BRAGA, 2006, p. 67)[36]

13. Oscar Wilde em 1882: símbolo da decadência e elegância fin de siècle.

O *dandy* em *Dom Casmurro* remete o leitor ao episódio também aparentemente despropositado, no capítulo VI, "Tio Cosme", no qual o narrador conta sobre o tio que vivia em casa desde que sua mãe enviuvou. Era também viúvo e advogado, como Bentinho viria a ser. Ia para o foro numa besta e, certa vez, pegou o Bentinho de 9 anos e montou-o no

---

36 O autor ressalta que os homens sempre se adornaram e muito antes que as mulheres: "Talvez o espelho mirado tenha sido a própria natureza, visto que os machos de numerosas espécies são mais vistosos que suas respectivas fêmeas." (BRAGA, 2006, p. 67)

animal, mesmo sabendo que este tinha medo. Bentinho se desespera gritando pela mãe. Neste episódio fica claro o seu medo de cavalgar, medo este que afirma não tê-lo feito gostar de equitação: "A verdade é que eu só vim a aprender equitação mais tarde, menos por gôsto que por vergonha de dizer que não sabia montar." (p. 33)

A figura do *dandy*, que transpira segurança e atitude diretamente ligadas ao seu modo de vestir, é que causa em Bentinho o tremor da insegurança, essa característica que é também associada à imagem ingênua da personagem, aparentemente construída pelo narrador ao longo da obra. Bentinho vê no *dandy* um rival acima de suas possibilidades, alguém com quem ele teme concorrer, alguém que é um "homem", que cavalga e que tem uma imagem muito forte para a época. O poder da imagem do concorrente assusta ainda mais a personagem. Bentinho se sente menor, pois o homem que "montava um belo cavalo alazão, firme na sela, rédea na mão esquerda, a direita à cinta, botas de verniz, figura e postura esbeltas", em nada se parecia com ele mesmo, que não se dava com animais e não se identificava com seu modo de vestir, seu estilo de vida, enfim, um rapaz de 15 anos indo para o seminário. Tanto que a sua figura passa desapercebida aos olhos do cavaleiro que lança seu olhar apenas para Capitu, ignorando sua presença e, assim, deixando-o ainda mais inseguro.

Moda e ascensão social: Capitu

A sociedade do século XIX tem como característica marcante a aparente quebra de barreiras sociais, até então intransponíveis, que impediam o indivíduo de movimentar-se entre as classes. Diante dos novos ideais franceses de igualdade, esse movimento torna-se possível, embora seja ilusório para muitos. Pretendemos apresentar a seguir o reflexo desse fato na moda e em seus usuários, observado no romance

A sociedade e a moda do século xix: o jogo irônico em *Dom Casmurro* 123

Dom Casmurro; e também como esse cenário colabora para a construção do jogo irônico presente na obra. Souza assim refere o movimento das classes no período:

> A separação das classes não é rígida como a que existe entre castas ou, mesmo, como a que separa o grupo masculino do feminino. A classe é aberta e percorrida por um movimento contínuo de ascensão e descida, o qual afeta constantemente a sua estrutura, colocando os indivíduos de maneira diversa, uns em relação aos outros. A sociedade do século xix, ao contrário daquela que a precedeu, não opõe mais, nem mesmo entre a burguesia e a nobreza, barreiras intransponíveis, preservadas pelo próprio Estado através das leis suntuárias ou das questões de precedência e de nível. A Revolução Francesa, abolindo os privilégios, vai destruir também o preconceito de que nobreza e burguesia "eram duas raças humanas distintas, cuja separação havia de subsistir até no outro mundo". E a nova força que surge dos escombros da antiga ordem é a classe média, cuja característica principal, nas palavras de Simmel, é ser expansiva para cima e para baixo, seu impulso de ascensão sendo tão violento que a leva a desrespeitar a força repulsiva da nobreza. (SOUZA, 2001, p. 112)

Essa nova configuração da sociedade irá refletir-se em todos os aspectos da vida dos indivíduos, incluindo a moda. Se antes era necessário se vestir de forma a diferenciar um plebeu da realeza, sendo proibidas certas cores e peças, agora o indivíduo comum podia imitar as classes altas.

Como dissemos anteriormente, as habilidades pessoais do indivíduo são nessa sociedade o grande diferencial e são elas que o levam a mover-se nesse ambiente em que não há mais fixidez. São possíveis as mudanças que levam um indivíduo de uma classe a outra, independente de sua condição de nascimento, nas palavras de Souza: "pequenos acidentes, como uma transação econômica certeira, uma amizade proveitosa, um golpe de fortuna, que sub-repticiamente transferem o indivíduo de classe" (Souza, 2001, p. 113), matéria de que se ocupou muitíssimo em seus romances Machado de Assis, como observa a autora.

Em *Dom Casmurro*, José Dias aponta esse desejo de mudança na família de Capitu, mostrando que almejariam o casamento desta com Bentinho, como citado anteriormente. Mas, para compreender a possibilidade desse desejo nessa família, será interessante primeiro percebermos os detalhes referentes à posição social de Capitu no romance. Inicialmente temos o descritivo da indumentária da personagem:

> Não podia tirar os olhos daquela criatura de quatorze anos, alta, forte e cheia, apertada em um vestido de chita, meio desbotado. Os cabelos grossos, feitos em duas tranças, com as pontas atadas uma à outra, à moda do tempo, desciam-lhe pelas costas. Morena, olhos claros e grandes, nariz reto e comprido, tinha a bôca fina e o queixo largo. As mãos, a despeito de alguns ofícios rudes, eram curadas com amor; não cheiravam a sabões finos nem águas de toucador, mas com água do poço e sabão comum trazia-as sem mácula. Calçava sapatos de duraque,[37] rasos e velhos, a que ela mesma dera alguns pontos. (p. 44)

Essa descrição apresenta indícios fortes da condição social e financeira da personagem, denunciada pelos materiais de que se compõem sua indumentária e pelo estado destes. Para uma moça de quatorze anos, que como vimos anteriormente, já deveria ter pretendentes para um ca-

---

37 "Duraque, *s. m.* Tecido forte e consistente, que se aplica sobretudo no calçado de senhoras (...)" (Silva, 1948-59, p. 179)

A sociedade e a moda do século xix: o jogo irônico em *Dom Casmurro* 125

samento, Capitu se veste muito simplesmente e com um ar muito pueril. O vestido apertado, indicando longo uso e já desbotado, feito de chita indicam claramente que não havia dinheiro sobrando em casa para gastos com o vestuário. A chita, material de que era feito seu vestido, era um tecido barato, específico das classes pobres no período e não fazia parte do vestuário dos mais abastados, a não ser para anáguas ou acabamentos internos dos vestidos que eram feitos de musselina, organdi etc. Os sapatos de duraque da personagem eram rasos e velhos e já haviam sido remendados por ela mesma.

Conforme já dissemos, a moda agora poderia ser imitada por pessoas das classes menos favorecidas, mas o que as distinguia ainda eram os materiais com que eram manufaturados os trajes. Vejamos o que diz Lurie a esse respeito:

> O que passou a designar uma posição alta foi o custo evidente da roupa: material rico, adornos supérfluos e estilos difíceis de serem conservados; ou, como mais tarde Thorstein Veblen colocou, *consumo conspícuo*, *desperdício conspícuo* e *ócio conspícuo*. Consequentemente, supunha-se que as pessoas se vestiriam tão prodigamente quanto sua renda permitisse. (...) Vestir-se acima de sua posição era considerado não apenas ridiculamente extravagante, como também deliberadamente falaz. (LURIE, 1997, p. 129)

Outro fator importante para atestar a condição social de Capitu, ainda no capítulo xiii, é o que o narrador diz de "ofícios rudes" nos quais Capitu precisava usar as mãos, o que parecia incluir costura de seus sapatos. Entretanto, estas "eram curadas com amor, não cheiravam a sabões finos nem águas de toucador, mas com água do poço e sabão comum trazia-as sem mácula." A mulher de classe alta não se dedicava ao trabalho, fazia apenas bordados ou afins, pois para todo o resto havia os escravos e trabalhadores. Podemos concluir, portanto, que Capitu trabalhava em casa ajudando a mãe, mas que esses ofícios ditos rudes pelo narrador não marcavam suas mãos, ressaltando a higiene e cuidado de Capitu, mesmo não podendo dispor de "sabões finos nem águas de toucador". O asseio para com o corpo e o vestuário era um ponto importante e bastante defendido por médicos, autores de manuais de etiqueta e civilidade e por jornais de moda da época. Rainho, citando o *Jornal das Senhoras*, diz: "de todos os cuidados que exige o *toilette*, o mais agradável, o mais natural, o mais simples, é o banho, que além disso é o que exerce sobre a saúde uma influência mais imediata." (RAINHO, 2002, p. 120)

Percebemos a simplicidade das formas do traje de Capitu e isso também pode ser atestado em outra passagem, quando esta visitava Bentinho em sua casa, indo parabenizar padre Cabral por ter se tornado protonotário apostólico. O narrador a descreve:

> A tôdas as perguntas, Capitu ia respondendo prontamente e bem. Trazia um vestidinho melhor e os sapatos de sair. Não entrou com a familiaridade do costume, deteve-se um instante à porta da sala, antes de beijar a mão a minha mãe e ao padre. (p. 89)

Mesmo essa descrição é bastante contida para um vestuário feminino da época. Parece haver a intenção de explicitar uma simplicidade de formas (o diminutivo desvaloriza o vestido, embora ele seja "melhor"), o que parece evidenciar sua condição social inferior a de Bentinho. Já no início do romance a condição social da família de Capitu vai sendo traçada quando o narrador diz, através de D. Glória, que Capitu e Bentinho "foram criados juntos, desde aquela grande enchente, há dez anos, em que a família Pádua perdeu tanta cousa; daí vieram as nossas relações." (p. 27)

A sociedade e a moda do século XIX: o jogo irônico em *Dom Casmurro* 127

É também através do pai de Capitu, Pádua, que podemos perceber a condição social da família. O narrador explica ao leitor porque Capitu e Bentinho, mesmo sendo de classes diferentes, moravam na mesma rua. Pádua era empregado em repartição dependente do Ministério da Guerra e havia comprado a casa por dez contos de réis, ganhados na sorte grande que teve num bilhete de loteria, "assobradada como a nossa, posto que menor" (p. 48) como explica o narrador. Ao que parece, D. Fortunata, mãe de Capitu, era amiga da mãe de Bentinho, D. Glória, tendo esta convencido Pádua a comprar a casa e ter uma moradia definitiva e própria, guardando o que sobrasse, pois esse queria gastar o dinheiro com outras coisas.

O narrador conta então o que chama de "anedota". Pádua substituiu, temporariamente, o administrador da repartição pública em que trabalhava. Nesse período a personagem se vê numa "mudança de fortuna" que, segundo o narrador, "lhe causou uma certa vertigem" (p. 49) e que isto ocorreu em razão de ter ganhado na loteria:

> Não se contentou de reformar a roupa e a copa, atirou-se às despesas supérfluas, deu joias à mulher, nos dias de festa matava um leitão, era visto em teatros, chegou aos sapatos de verniz. Viveu assim vinte e dous meses na suposição de uma eterna interinidade. (p. 49)

Acontece que Pádua perde o cargo e com ele as vantagens nos honorários, voltando à sua condição anterior, que também não era miserável, pois tratava-se de um funcionário público, alguém que possuía um emprego e uma forma honesta de sustento da família. O narrador cita no trecho acima itens que se caracterizam como gastos supérfluos, como citou Lurie (1997), próximos do desperdício, adornos como joias e sapatos de verniz que indicam materiais caros e acessíveis a pessoas de alta posição.

Percebemos então que houve uma breve ascensão social da família de Capitu, em função de ganhos na loteria e de uma mudança de cargo temporária de seu pai. Assim que este retornou ao seu cargo anterior, entretanto, as coisas voltaram a ser como antes, tendo a família voltado a viver conforme os honorários recebidos pelo pai da repartição em que trabalhava e que eram parcos, segundo os trajes descritos de Capitu. O narrador procura enfatizar os "golpes de sorte" a que a família de Capitu foi acometida, resultando numa melhora na sua condição de vida, e não os méritos pessoais de Pádua em conseguir se projetar numa carreira de sucesso, em negócios, como era valorizado no homem do século XIX.

O próprio narrador troça com essa sorte grande ao contar como Pádua se despediu de Bentinho em sua partida para o seminário: "Tinha os olhos úmidos deveras; levava a cara dos desenganados, como quem empregou em um só bilhete tôdas as suas economias de esperanças, e vê sair branco o maldito número, – um número tão bonito!" (p. 108) E vai semeando dúvidas sobre as intenções da família de Capitu e desta em relação ao rapaz.

Também José Dias comenta com Bentinho a condição financeira da família de Capitu, dizendo que Pádua "tem um bom êmprego, possui a casa que mora, mas honestidade e estima não bastam, e as outras qualidades perdem muito de valor com as más companhias em que êle anda" (p. 64).

Queremos ressaltar que também a indumentária de Capitu pode ser considerada um forte indício para caracterizar sua condição social, o que sem dúvida contribui para a construção ambígua da narrativa, ao criar dúvidas sobre suas intenções para com Bentinho.

Nesse sentido, gostaríamos de analisar um pouco mais de perto características básicas da roupa das classes mais altas, que são o desconforto relacionado à riqueza/nobreza, o excesso relacionado ao ócio, e como são

A sociedade e a moda do século xix: o jogo irônico em *Dom Casmurro* 129

vislumbradas em *Dom Casmurro*. Vestindo uma roupa desconfortável, volumosa, ampla e que, por conseguinte, restrinja os movimentos, o usuário sinaliza sobre sua condição social e também que não necessita trabalhar. A moda possui várias peças que ostentam essa característica.

No século xix temos os exemplos já citados do espartilho, da crinolina; e temos também a saia-balão,[38] que adquiria seu volume através da crinolina usada sob esta. Souza (2001) considera essas peças como expedientes que pareciam desempenhar uma função estética, mas que eram na verdade empecilhos vitais, usados para sublinhar o nível social. Segundo a autora, são elementos de distinção social por serem manufaturados desprezando o aspecto funcional, isto é, o uso real das peças e desrespeitando até mesmo a saúde do usuário. Eram frequentes os casos de pessoas que tinham a coluna entortada, principalmente jovens em crescimento, em função do uso do espartilho. E ainda segundo Souza, a saia-balão e a crinolina, que eram símbolos de classe, como o espartilho, alcançaram um exagero tão grande justamente no período de desenvolvimento das estradas de ferro, que era impossível uma mulher vestida com essas peças se movimentar nesse ambiente. Como dissemos anteriormente sobre a crinolina, sentar-se já era um problema.

Em *Dom Casmurro* temos exemplos interessantes desses aspectos da moda e da sociedade do século xix. Citemos primeiramente um trecho em que Capitu conversa com Bentinho:

---

38 Segundo Souza, a saia-balão possuía uma "série portentosa de anáguas engomadas, seis ou sete ao todo, incluindo a indispensável, de flanela vermelha". (SOUZA, 2001, p. 127)

– Padre é bom, não há dúvida; melhor que padre só cônego, por causa das meias roxas. O roxo é côr muito bonita. Pensando bem, é melhor cônego.[39]

– Mas não se pode ser cônego sem ser primeiro padre, disse-lhe eu mordendo os beiços.

– Bem; comece pelas meias pretas, depois virão as roxas. O que eu não quero perder é a sua missa nova; avise-me a tempo para mandar fazer um vestido à moda, saia balão e babados grandes... Mas talvez nesse tempo a moda seja outra. A igreja há de ser grande, Carmo ou S. Francisco.

– Ou Candelária.

– Candelária também. Qualquer serve, contanto que eu ouça a missa nova. Hei de fazer um figurão. Muita gente há de perguntar: "Quem é aquela môça faceira que ali está com um vestido tão bonito?" – "Aquela é D. Capitolina, uma môça que morou na Rua de Mata-cavalos... (p. 99)

Este excerto é sobre um diálogo, ou "guerra" como diz o narrador, entre Capitu e Bentinho, alguns meses antes de este ir para o seminário.

---

39 "(...) roupas eclesiásticas sempre tiveram papel dual, por um lado em comunicar o respeito do usuário pela regra fundamental das roupas religiosas – elas tinham que ser práticas, pobres e modestas. Por outro lado, porém, elas também têm que comunicar a santidade da roupa usada para celebrar serviços religiosos, através de sua preciosidade. (...) As batinas devem ser longas, preciosas e apresentar as quatro cores litúrgicas: o branco, representando alegria, pureza e verdade, a ser usado no dia de Natal, nos serviços de Epifânia e Páscoa; o vermelho, simbolizando o amor divino e a paixão, a ser usado em serviços de Domingo de Pentecostes e Sexta-Feira Santa; o verde, representando a criação, a caridade e a justiça, para missas celebradas entre a terceira semana de Pentecostes e o Advento; e o roxo (ou preto), representando o luto, penitência e a luta da Igreja contra o mal e a escuridão, usado durante funerais e cerimônias de Quaresma." (SEGRE, 2003, p. 30-31)

A sociedade e a moda do século XIX: o jogo irônico em *Dom Casmurro*   131

Há um jogo de palavras em que as personagens não falam o que realmente desejam que aconteça: Bentinho diz que poderia ser padre sem sofrimento e pede que Capitu lhe prometa que o deixe abençoar seu casamento; esta responde que ele poderia batizar-lhe o filho, mas quanto ao casamento, isso seria esperar muito. O narrador transcreve o diálogo em detalhes, indicando o que Capitu pretendia usar na época de sua missa nova: "um vestido à moda, saia balão com babados grandes..." Ressalta assim que essa era a moda da época, mas que quando da realização da missa a moda poderia ser outra, o que indica a sua instabilidade, a que nos referimos anteriormente.

No capítulo seguinte, XLV, "Abane a cabeça leitor", o narrador troça com o leitor:

> Abane a cabeça leitor; faça todos os gestos de incredulidade. Chegue a deitar fora êste livro, se o tédio já o não obrigou a isso antes; tudo é possível. Mas, se o não fêz antes e só agora, fio que torne a pegar do livro e que o abra na mesma página, sem crer por isso na veracidade do autor. Todavia, não há nada mais exato. Foi assim mesmo que Capitu falou, com tais palavras e maneiras. Falou do primeiro filho, como se fôsse a primeira boneca. (p. 101)

É tão exato o diálogo, afirma o narrador, que Capitu chega a citar uma peça da indumentária feminina que estava na moda naquele exato período (entre 1857 e 1858). No jogo de palavras de Capitu ela se mostra a Bentinho no futuro, em sua missa nova, como uma moça faceira vestida com a última moda, olhada por outras pessoas que comentam sobre seu aspecto, e, pelo que diz, já casada. Essa seria uma forma de mostrá-la como um perdido objeto de desejo, numa nova estratégia de sedução que a apresentava ainda como tendo tido ascensão social. A fala de Capitu confirma, inclusive, a moda de saia-balão da época.

Para Gilda de Mello e Souza (2001) essa era uma peça considerada como um dos elementos de distinção social e que, diante da democratização vigente, passou depois a ser parte também da indumentária popular. O período histórico da narrativa em que Capitu tem esse diálogo com Bentinho seria aproximadamente entre 1857-1858, época em que o vestido descrito por ela estava quase em seu auge de moda, que seria em 1860. Segundo Laver (1989), a partir de 1860, esse modelo de vestido que era armado com a crinolina entraria em seu declínio (mas foi largamente usado até o final do século, inclusive no Brasil) e se transformaria numa peça com volume deslocado totalmente para trás; depois a crinolina foi transformada num tipo de anquinha, que seria a característica da década seguinte.

Em Renault podemos confirmar a presença da peça no Rio de Janeiro do século XIX:

> Os decantados "balões de gaiola", de aço, largos, de todas as cores, armam as saias pesadamente, dificultando a descida da carruagem ou caminhada pela rua. Mas eles continuam nas vitrines: de lã, de clina, de musselina. A armação vale 20 mil réis. A moda incômoda de coletes arrochados[40] é seguida também pela criança. Essa armação custa 2.500 réis. (RENAULT, 1978, p. 313)

O que fez com que Capitu se visse no futuro usando uma peça da moda, como a saia-balão, peça que foi inicialmente um símbolo de classe? O que podemos denominar pulsão de moda, algo extremamente contraditório, pois move dois desejos aparentemente opostos, mas que fazem parte do nosso instinto de socialização: o de individualização e o de integração. Ao mesmo tempo que o usuário de moda deseja projetar-se como indivíduo único, também deseja pertencer a um grupo em que

---

40 Provavelmente eram os corsets ou espartilhos, também característicos do período.

A sociedade e a moda do século XIX: o jogo irônico em *Dom Casmurro* 133

esteja seguro e se sinta confortável. Nesse sentido a moda é um fenômeno profundamente contraditório, como o é também o ser que a veste. Sobre esse aspecto da moda Souza diz:

> A moda é um dos instrumentos mais poderosos de integração e desempenha uma função niveladora importante, ao permitir que o indivíduo se confunda com o grupo e desapareça num todo maior que lhe dá apoio e segurança. E como as modas vigentes são sempre as da classe dominante, os grupos mais próximos estão, a cada momento, identificando-se aos imediatamente superiores através da imitação da vestimenta. (SOUZA, 2001, p. 130)

Havia em Capitu o desejo de moda, esse que nos faz querer ser únicos e, ao mesmo tempo, desejar fazer parte de um grupo. É surpreendente observar que a menina descrita pelos olhos supostamente ingênuos de Bentinho, a Capitu de vestido de chita e tranças nos cabelos, também deseje utilizar o poder que a moda pode conferir a seu usuário. Então é fato que Capitu sonhava em ser outra, diversa da que ela era no momento, e seria através do casamento que esta outra poderia surgir. Era como se projetava no futuro, como se imaginava.

Esse diálogo descrito pelo narrador serve então para mostrar não a veracidade aparentemente pretendida por este, mas a sua intenção de deixar dúvidas e inconclusões, levando o leitor ao espanto de encontrar tantos fatos e episódios espalhados pela narrativa, com gosto de real, mas com contornos de armadilha.

Pelos exemplos citados acima temos indicadores fortes da condição social de Capitu, que como pudemos ver é bastante distinta da de Bentinho, o que poderia justificar a "implicância" de José Dias para com a moça e sua amizade com o rapaz. Mas também fica claro que não podemos concluir serem esses fatos espalhados na narrativa indicadores dessa suposta intenção de Capitu, apontada por José Dias e sempre lembrada pelo narrador, reafirmando apenas as ambiguidades presentes na obra.

Moda e ambiguidade em José Dias

Vimos anteriormente que a forma com que a sociedade se reconfigurou no século XIX, após a Revolução Francesa, provocou uma grande mudança nas relações entre as pessoas, o que resultou também em mudanças na moda. Quando esta se torna acessível ao grande público, um novo elemento diferenciador se faz necessário, e este vem a ser as boas maneiras, o gestual, o que também se torna alvo de imitação.

O que passa a diferenciar o nível social será também o portar da vestimenta, isto é, a forma de manipulação de um leque, o modo de trazer uma sombrinha e uma bolsa, o levantar da saia para subir num veículo, a forma de sentar-se num salão de baile, o andar estudado de forma a acentuar a boa postura, o talhe, o movimento da bengala e do cachimbo, a posição e a movimentação do chapéu, etc.

Sobre isso Souza afirma:

> É então que uma barreira se interpõe entre as classes, ainda mais difícil de transpor que a antiga, pois já não se apoia na ostentação da riqueza, mas no polimento das maneiras, na composição elaborada dos gestos, enfim no elemento dinâmico da moda. A distinção econômica do luxo cede lugar à distinção estética da elegância. (SOUZA, 1987, p. 134)

A sociedade e a moda do século xix: o jogo irônico em *Dom Casmurro*   135

Pode-se apontar para o fato de que a liderança da moda passou aos arrivistas,[41] às cocottes[42] e às atrizes. Estas eram as fashion victims,[43] como denominamos atualmente quem se entrega aos caprichos da moda, e buscavam ali uma espécie de poder que pode ser associado à imagem pessoal. As pessoas pertencentes às classes altas vestiam-se conforme a moda ditada pela França, mas podiam ser diferenciadas pelos sutis detalhes com que trajavam suas vestes e como as usavam (Souza, 2001).

No Brasil vemos na figura de D. Pedro ii um exemplo, de certa forma extremo, desse despojamento e simplicidade dos seus trajes:

> Vestia-se o imperador com a monotonia de quem usasse, obrigatoriamente, um só uniforme: a casaca preta, colete e calças da mesma cor, e, à botoeira, o minúsculo Tosão de ouro. Deixava que a roupa envelhecesse, de tanto a envergar: e no fim, era no Império a única pessoa trajada à sua moda, de manhã à noite com a fatiota invariável. Raramente punha os seus trajos majestáticos. Somente no dia da abertura parlamentar, atirava sobre os ombros o manto e a murça de papos de tucano. Nas cerimônias militares levava preferivelmente a farda de almirante. (Calmon, 2002, p. 51)[44]

---

41 "Arrivista, *adj.* e *s. f. 2 gén.* (do fr. *arriviste*). Pessoa que quer triunfar, especialmente na vida política, atropelando os que, por mérito ou serviços, têm mais direitos; ambicioso sem escrúpulos (...)" (Silva, 1948-59, p. 56)

42 "Cocote, *s. f.* (do fr. *cocotte*). Espécie de boneca de envernizador, bola de papel de seda, cheia de areia, papelinhos e outros objetos, que se emprega como projéctil em folguedos carnavalescos / Meretriz elegante (...)" (Silva, 1948-59, p. 223).

43 Tradução da autora: vítimas da moda.

44 Calmon nos diz que Pedro ii foi, entre 1840 e 1889, "um modelo obrigatório: o primeiro cidadão do país, e realmente o seu chefe." (Calmon, 2002, p. 49)

Esse desprendimento é o que Gilda de Mello e Souza (2001) chamou de "uma curiosa inversão de papéis", ressaltando que a moda como meio de afirmação passa a não mais interessar aos de "alto nascimento", ao passo que por ela "se entregam sofregamente os plebeus."

Em *Dom Casmurro* podemos observar esse aspecto da moda em José Dias, que, segundo o narrador, era capaz de trajar um rodaque de chita como se portasse uma casaca de cerimônia. Isto é, seu porte fazia a diferença, sua imagem imponente vinha da forma como usava as suas vestes simples.

Vejamos a seguir o que podemos apreender da descrição da indumentária de José Dias e quais as implicações desta no jogo irônico presente no romance. O narrador descreve a personagem:

> Cosi-me muito à parede, e vi-o passar com as suas calças brancas engomadas, presilhas,[45] rodaque[46] e gravata de mola. Foi dos últimos que usaram presilhas no Rio de Janeiro, e talvez neste mundo. Trazia as calças curtas para que lhe ficassem bem esticadas. A gravata de cetim prêto, com um arco de aço por dentro, imobilizava-lhe o pescoço; era então moda. O rodaque de chita, veste caseira e leve, parecia nêle uma casaca de cerimônia. Era magro, chupado, com princípio de calva; teria os seus cinquenta e cinco anos. Levantou-se com o passo vagaroso do costume, não aquêle vagar arrastado dos preguiçosos, mas um vagar calculado e deduzido, um silogismo completo, a premissa

---

45 "Presilha, *s. f.* (do esp. *Presilla*). Tira de pano, cordão de cabedal, etc., que tem, geralmente, na extremidade, uma espécie de aselha ou fivela e em que se enfia. às vezes um botão para apertar ou prender (...)" (SILVA, 1948-59, p. 664) "As calças elegantes tinham muitas vezes alças que eram presas aos pés para garantir um caimento mais vertical." (LAVER, 1989, p. 130).

46 "Rodaque, *s. m. Bras.* Trajo masculino, espécie de casaco e de colete (...)" (SILVA, 1948-59, p. 647)

A sociedade e a moda do século xix: o jogo irônico em *Dom Casmurro* 137

> antes da consequência, a consequência antes da conclusão. Um
> dever amaríssimo! (p. 29)

Ao descrever José Dias, o narrador associa todo o tempo o uso de sua indumentária à sua personalidade. Para o leitor atual, quando o narrador diz que a personagem "foi dos últimos que usaram presilhas no Rio de Janeiro, e talvez neste mundo", mesmo não sabendo o que sejam presilhas, pode perceber a ênfase que se dá ao fato da personagem demonstrar, pelo uso desse acessório que foi moda, ser uma pessoa tradicionalista, que mantém um acessório já fora de uso. Quando o narrador diz que José Dias usava "a gravata de cetim prêto, com um arco de aço por dentro", que "imobilizava-lhe o pescoço", o que "era então moda", mostra ao leitor o caráter contraditório e calculista da personagem: esta sabia muito bem usar os artifícios da moda, seu poder, para se projetar como desejava. Mesmo seu passo era calculado para causar impressão, pois era "uma vagar calculado e deduzido, um silogismo completo, a premissa antes da consequência" e esta antes da conclusão. Todo esse descritivo sugere que a personagem age e pensa sob severa vigilância própria.

A gravata com um arco de aço por dentro, a imobilizar-lhe o pescoço, também mantinha o seu rosto alto e conferia-lhe um ar austero e superior. Quando o narrador diz que José Dias trazia as calças curtas e ainda com presilhas para ficarem bem esticadas, e que eram brancas e engomadas, mostra como a personagem dava importância à aparência e, especialmente, à forma como era visto. José Dias queria parecer estar sempre alinhado, dando-nos a impressão mesmo de uma pessoa que se espichava, que ser encompridava jogando o peito para cima.

O fato de fazer um rodaque de chita parecer uma casaca de cerimônia dá ênfase à sua postura, isto é, mesmo usando uma peça leve e caseira como o rodaque de chita, sendo este um tecido ordinário de algodão característico das classes pobres, portava-o como se usasse uma casaca de cerimônia que, segundo Laver (1989), era uma peça essencial para ocasiões formais noturnas.

Mas, talvez, o fato mais importante relacionado ao descritivo da indumentária de José Dias seja o que não se lê na narrativa, aquilo que está aparentemente oculto e não está dito diretamente: sua indumentária lhe daria uma função na família que não fica totalmente clara pelo relato do narrador, e que este parece mesmo querer anuviar. Segundo Gomes (1967), a indumentária descrita de José Dias é característica de um mordomo da época: "A descrição do trajo de José Dias – trajo de mordomo, já um tanto raro no tempo –, predomina pela extrema meticulosidade." (GOMES, 1967, p. 40). Porém José Dias é apresentado pelo narrador como um agregado, isto é, alguém que vive numa família como uma pessoa da casa. O seu traje de mordomo deixa claro que ele não era parte da família e o próprio narrador diz as funções que assumiu:

> José Dias tratava-me com extremos de mãe e atenções de servo. A primeira cousa que conseguiu logo que comecei a andar fora, foi dispensar-me o pagem; fêz-se pagem, ia comigo à rua. Cuidava dos meus arranjos em casa, dos meus livros, dos meus sapatos, da minha higiene e da minha prosódia. (p. 62)

Essas atenções de José Dias, realçadas pela descrição de sua indumentária que o apresenta como uma pessoa calculista e contraditória, nos apontam para a construção intencional dessa personagem como alguém que se movia por interesses de se fazer importante e necessário numa família tradicional e rica como a de Bentinho.

Percebemos então que não há uma definição exata na obra sobre a função de José Dias na casa dos Santiago: alguns trechos o aproximam do agregado, outros do mordomo. No capítulo XVIII, "Um plano", Capi-

A sociedade e a moda do século XIX: o jogo irônico em *Dom Casmurro* 139

tu e Bentinho imaginam uma forma de obrigar José Dias a ajudá-los a tirar de D. Glória a ideia de mandar o rapaz para o seminário:

> (...) mostre que há de vir a ser dono da casa, mostre que quer e que pode. Dê-lhe bem a entender que não é favor. Faça-lhe também elogios; êle gosta muito de ser elogiado. D. Glória presta-lhe atenção; mas o principal não é isso; é que êle, tendo de servir a você, falará com muito mais calor que outra pessoa. (p. 56)

Capitu ensina Bentinho como deve proceder para que consigam o que desejam. É de extrema importância esse episódio do romance, pois, além de apontar para uma das duas possibilidades de atribuir uma função a José Dias na casa dos Santiago, também parece reforçar a imagem aparentemente ingênua de Bentinho, em oposição à imagem calculista de Capitu. É ela quem planeja e ele quem executa o plano.

Podemos dizer que a forte carga de ambiguidade que está no descritivo minucioso do traje de José Dias e em suas relações com as outras personagens é parte da estratégia do narrador para criar o jogo irônico presente na obra. Parece haver nesse descritivo o traço de manipulação que queremos ressaltar na relação narrador-leitor. As incongruências no descritivo da indumentária de José Dias e sua personalidade, sua posição social na narrativa, nos levam a tentar compreender as intenções do narrador em não as definir, ou em torná-las propositadamente contraditórias. Os efeitos provocados por essas incongruências na construção da personagem e, consequentemente, na narrativa como um todo, que, de acordo com Lima (2000), podemos analisar como mostrar uma coisa e significar outra, são nuances entre o ser e o (a)parecer que indicam a ironia.

O narrador comenta a relação de José Dias com o vestuário e daí também podemos fazer alguma análise:

E não lhe supunhas alma subalterna; as cortesias que fizesse vinham antes do cálculo que da índole. A roupa durava-lhe muito; ao contrário das pessoas que enxovalhavam depressa o vestido novo, êle trazia o velho escovado e liso, cerzido, abotoado, de uma elegância pobre e modesta. (p. 31)

Há nesse trecho do romance a ênfase ao aspecto da moda, já citado inicialmente, que trata da importância do gestual, do polimento das maneiras, enfim, a elegância, que mesmo nas pessoas pobres agregava um certo valor, fazendo com que pudessem tratar com os mais abastados, supostamente, de igual para igual. Isto é, era uma forma de uma pessoa com poucos recursos financeiros se sentir igualada de certa maneira às endinheiradas, de poder lidar com elas. Como a moda, a elegância era usada na tentativa de aproximação das classes.

Vamos rapidamente percorrer os caminhos que levaram José Dias a se agregar à família Santiago. A personagem se aproxima inicialmente da família quando ainda moravam na antiga fazenda de Itaguaí, fazendo-se passar por médico, nas palavras do narrador: "vendendo-se por médico homeopata; levava um manual e uma botica." (p. 30) Após curar o feitor e uma escrava foi contratado pelo pai de Bentinho, que ainda era vivo, para ali viver com um pequeno ordenado. Um dia teve que confessar-se "charlatão", mas ainda assim disse tê-lo feito em serviço à verdade, pois, "a homeopatia é a verdade" (p. 31), por isso justifica sua mentira. Ora, se José Dias não tivesse habilidades para manipular os elementos da moda e da elegância, podemos supor que sua entrada na família como médico seria extremamente difícil. Tal fato nos leva a imaginar que adquiriu essas habilidades através da observação e de parcas leituras, como nos disse o narrador: "Era lido, pôsto que de atropêlo, o bastante para divertir ao serão e à sobremesa, ou explicar algum fenômeno, falar dos efeitos do calor e do frio, dos pólos e de Robespierre." (p. 31)

A sociedade e a moda do século XIX: o jogo irônico em *Dom Casmurro*   141

Também são notáveis na obra os superlativos de José Dias que não apontam para um domínio da linguagem, mas para uma exploração de seu uso através de uma espécie de "bajulação". Tudo que a personagem quisesse enaltecer, pessoas ou atos ou fatos, eram motivos para a aplicação de um superlativo. Ao lembrar D. Glória de que Bentinho já devia estar sendo encaminhado ao seminário, é com um superlativo que José Dias se desculpa por fazê-la chorar: "Se soubesse, não teria falado, mas falei pela veneração, pela estima, pelo afeto, para cumprir um deve amargo, um dever amaríssimo..." (p. 29)

No Rio de Janeiro do século XIX já circulavam manuais de etiqueta e civilidade, como afirma Rainho:

> Essas obras tinham por objetivo preparar as pessoas para a vida em sociedade por meio de uma série de regras em que eram expostos comportamentos e maneiras tidos como corretos. Ensinavam, entre outras coisas, as formas de comer e os hábitos à mesa, a higiene corporal – incluindo os modos de assoar o nariz, cuspir etc. –, os comportamentos em casa, na igreja, na rua e os cuidados com as vestimentas. (RAINHO 2002, p. 97)

A autora ainda diz que a "boa sociedade" fluminense se valia desses manuais para deixar para trás os costumes rústicos do Brasil colônia, após a chegada da corte, e que tentavam, como a burguesia francesa, refinar as maneiras e sofisticar os gostos.[47] Se José Dias aprendeu em um

---

47 Segundo Rainho, os manuais que circulavam no Rio de Janeiro eram a *Escola de política*, o *Manual de civilidade e etiqueta*, o *Novo código do bom-tom*, os *Elementos de civilidade*, os *Entretenimentos sobre os deveres da civilidade*, o *Manual de civilidade brasileira*. A autora também cita, de Thomas Ewbank (*A vida no Brasil ou descrição de uma visita ao país do cacau e das palmeiras*), a observação dos pregões dos ambulantes no decorrer do século XIX que anunciavam a venda de tais obras: "Os pregões de Londres são bagatelas quando comparados

manual a profissão de médico homeopata, podemos inferir que tenha também tido acesso a esses manuais de etiqueta e civilidade que circulavam no Rio de Janeiro. E estes manuais tratavam também da moda e do "bem vestir". Havia, portanto, formas de uma pessoa sem grandes recursos, mas letrada, ter acesso aos artifícios da moda e da etiqueta e assim conseguir conviver na sociedade.

Um episódio que atesta a importância dada por José Dias a esse "elemento dinâmico da moda", como definiu Souza (2001), a elegância, o gestual, está na análise que a personagem faz de Pádua, o pai de Capitu:

> [...] as outras qualidades perdem muito de valor com as más companhias em que êle anda. Pádua tem uma tendência para gente reles. Em lhe cheirando a homem chulo é com êle.(p. 63)

José Dias critica em Pádua justamente a inexistência de refinamento nos modos, a convivência com gente reles. Mesmo tendo bom emprego e casa própria, morando ao lado da família de Bentinho, ele não tem o elemento essencial para conviver com a "boa sociedade": a elegância e o tratamento com as outras pessoas; que é justamente o que faz com que José Dias se infiltre na classe superior à sua, e isso o faz ainda mais charlatão.

Caracterizar José Dias dessa forma, como uma pessoa calculista e de um preciosismo exagerado, desejosa de obter sempre o poder de manipular a opinião dos outros e de manter sobre si uma impressão superior a que sua condição social permitiria, parece querer demonstrar

aos da capital brasileira. Escravos de ambos os sexos apregoam mercadorias em toda a rua. (...) Sapatos, gorros enfeitados, belas joias, livros para crianças, novelas para as jovens e obras de devoção para os beatos, *Arte de dançar para os desajeitados, Escola de bem vestir para as jovens, Linguagem das flores, Relíquias de santos* e um *Sermão em honra de Baco* – essas e milhares de outras são vendidas durante todo o dia." (RAINHO, 2002, p. 102)

A sociedade e a moda do século XIX: o jogo irônico em *Dom Casmurro* 143

o quão importante é José Dias[48] para envolver o leitor no véu de dúvidas que irá pairar sobre o ponto de vista do narrador durante toda a obra. É de José Dias que ouvimos a célebre frase sobre os olhos de Capitu, que nos faz vê-la tão indecifrável: olhos de "cigana oblíqua e dissimulada" (p. 63); mas não podemos nos deixar enganar, pois é o narrador que nos apresenta os fatos.

Mostrar uma coisa e significar outra... Esse narrador, ao apresentar uma personagem tão perspicaz quanto José Dias, testemunha da dissimulação de Capitu, faz, por um momento, com que o leitor pense que Bentinho pode mesmo ter sido enganado. Mas ao mesmo tempo não há certezas, pois esse jogo de mostrar e esconder, mascarar e desmascarar é tão intenso na obra que promove um não fechamento e as eternas perguntas que ficarão suspensas à espera de respostas que nunca poderão ser obtidas, especialmente quando os fatos são apresentados por um narrador que parece indigno de confiança.

Outros símbolos de distinção social

Temos no romance *Dom Casmurro*, uma outra passagem que reflete a distinção de classes, marcada aparentemente no uso de tecidos:

---

48 Letícia Malard, em seu artigo "*Dom Casmurro* começou na imprensa por José Dias", ressaltou a importância desse "pré-texto de Dom Casmurro" na imprensa, e aponta a relevância da personagem no romance. Segundo a autora: "Sua importância não está tanto no fato do que e do como foi aproveitado nos mencionados capítulos, mas naquilo que foi totalmente descartado. Uma comparação entre textos e pré-textos tentará revelar: a) mudanças de rumo que Machado quis imprimir em sua obra-prima – já iniciada ou até mesmo concluída naquele ano; b) traços multiculturais motivadores das alterações efetuadas; c) reengenharia da língua literária." (MALARD, 2000, p. 123)

A gente não era muita, mas a igreja também não é grande, e não pude sair logo, logo, mas devagar. Havia homens e mulheres, velhos e moços, sêdas e chitas, e provàvelmente feios e belos, mas eu não vi uns nem outros. (p. 136)

Os tecidos finos, como a seda, eram característicos das classes abastadas, enquanto que as chitas eram usadas pela gente humilde, pelos escravos ou alforriados, pelos empregados. Capitu e José Dias também vestiam chita.

14. Interior de uma loja de departamento parisiense em 1860: *O paraíso das damas*.

Como já foi dito, o uso do sapato demarcava também as classes e posições sociais. Calmon (2002) diz que em meados de 1850, no Rio de Janeiro, para 266.466 habitantes, o número de escravos era de 110.599. O autor nos conta que o sapato era o meio diferenciador e "privativo" do escravo liberto. "O escravo, mesmo trajado de gala, com a jaqueta

A sociedade e a moda do século XIX: o jogo irônico em *Dom Casmurro*   145

agaloada e o calção de seda da casa rica, andava descalço." (CALMON, 2002, p. 72) Isto é, mesmo usando o uniforme rico da casa dos patrões, o escravo se diferenciava do indivíduo livre. Calmon apresenta o depoimento de um viajante que passava por Maceió e viu um negrinho nu, porém "metido nuns grandes sapatos, garbosos destas insígnias de sua emancipação." (CALMON, 2002, p. 72) Também há o depoimento de frei Francisco de N. S. dos Prazeres: "O escravo que se liberta calça logo chinela e quer ser tratado como branco e que ninguém lhe chame de negro." (CALMON, 2002, p. 72)

Em *Dom Casmurro* há algumas menções a sapatos que refletem a condição social de seus usuários: os sapatos de verniz de Pádua, quando este temporariamente subiu de cargo no Ministério da Guerra, e que indicam essa nova condição de vida; os sapatos de José Dias, "acalcanhados" conforme observação de Pádua, que apontam para sua dificuldade (financeira) em mantê-los novos.

O chapéu também era um símbolo de distinção social e de poder masculino. No romance de Machado, já no primeiro capítulo, terceira linha, temos um indicativo do uso de chapéu:

> Uma noite destas, vindo da cidade para o Engenho Novo, encontrei no trem da Central um rapaz aqui do bairro, que eu conheço de vista e de chapéu. Cumprimentou-me, sentou-se ao pé de mim, falou da lua e dos ministros, e acabou recitando-me versos. (p. 23)

O narrador quer justificar o título do livro que está a escrever e o faz apresentando ao leitor o poeta que lhe deu a alcunha de Dom Casmurro, alguém que conhecia "de vista e de chapéu."[49]

---

49 Sabemos que atualmente a expressão "conhecer alguém de vista e de chapéu" não é mais usada. A expressão foi abreviada para "conhecer alguém de vista" e o complemento da frase caiu juntamente com o uso da peça.

Conhecendo os usos e a importância do chapéu no século xix, compreenderemos melhor as personagens que se apresentam nesse início do romance. Como dissemos, a roupa masculina não tinha mais a função ornamental dos séculos anteriores, quando era uma arma de sedução erótica e tinha importância primordial na competição social. Segundo Souza (2001), diante do traje masculino austero e sóbrio, mas ao mesmo tempo simples do século xix, há um aumento dos símbolos fálicos da indumentária representados nos acessórios: o chapéu, as luvas, a bengala, o charuto, a barba e o bigode. Estes passam a ser símbolos de dignidade e competência, valores extremamente importantes para a sociedade do século xix e que estão conjugados com a moda.

15. O chapéu, a barba e os livros: elementos do mundo dos homens.

O chapéu característico do século xix é a cartola, como na figura acima, que podia ter a copa alta ou mais baixa; ser de diversos materiais como o pelo de castor, a seda, ter abas achatadas ou voltadas para cima, em grande variedade. Era o símbolo máximo de respeitabilidade bur-

A sociedade e a moda do século xix: o jogo irônico em *Dom Casmurro* 147

guesa e Souza (2001) afirma que todo homem decente teria que possuir ao menos um modelo.

Observando as três linhas iniciais do romance que apontam para o uso do chapéu percebemos que a personagem era um cavalheiro que trazia provavelmente uma cartola, e a usava conforme o costume da época. Isso fica claro mais à frente quando o narrador conta sobre um encontro que teve com o Imperador, quando ainda era rapaz, nas ruas do Rio de Janeiro:

> O ônibus que íamos parou, como todos os veículos; os passageiros desceram à rua e tiraram o chapéu, até que o côche imperial passasse. Quando tornei ao meu lugar, trazia uma ideia fantástica, a ideia de ir ter com o Imperador, contar-lhe tudo e pedir-lhe a intervenção. Não confiaria esta ideia a Capitu. "Sua Majestade pedindo, mamãe cede", pensei comigo. (p. 68)

Percebemos que era costume a retirada do chapéu para o cumprimento, o que significava respeito e reverência. Esse trecho do romance também aponta para outras questões já tratadas, como a insistência do narrador em querer aproximar a imagem de Bentinho de uma suposta inocência e ingenuidade. Imaginar que o imperador iria em seu salvamento, ter com sua mãe e dissuadi-la da ideia de mandá-lo para o seminário, demonstra a sua insegurança, pois, ao invés de lutar por si mesmo, pensa na intervenção de uma pessoa da importância do imperador para resolver os seus problemas pessoais.

Sobre o uso de barbas, no romance *Dom Casmurro* há uma personagem em que essa insígnia de poder é ressaltada. No capítulo vii, "D. Glória", o narrador descreve o pai:

Não me lembra nada dêle, a não ser vagamente que era alto e usava cabeleira grande; o retrato mostra uns olhos redondos, que me acompanham para todos os lados, efeito da pintura que me assombrava de pequeno. O pescoço sai de uma gravata preta de muitas voltas, a cara é toda rapada, salvo um trechozinho pegado às orelhas. (p. 34)

16. Homem com casaco de lã, segurando luvas: postura altiva e pose para o fotógrafo em meados do século XIX.

Essa é uma imagem típica do homem oitocentista, com sua indumentária simples que fazia ressaltar os detalhes. Souza diz a respeito do uso dessas formas "sutis de afirmação pessoal e prestígio" que estão na "exploração estética do rosto e no domínio de certas insígnias de poder e erotismo, como os chapéus, as bengalas, os charutos e as joias." (SOUZA, 2001, p. 75)

A sociedade e a moda do século XIX: o jogo irônico em *Dom Casmurro* 149

Pensamos que, além de fazer parte de uma estratégia narrativa especialmente escolhida para semear dúvidas no leitor, para criar uma atmosfera de ambiguidades em que nada pode ser afirmado, a presença da moda em *Dom Casmurro* propõe uma visão da sociedade do século XIX que somente pode ser compreendida por meio da vivacidade da literatura ficcional. É, portanto, também através da moda no universo ficcional da literatura que podemos conhecer um povo, e compreender como é construída a cultura de uma sociedade.

Dúvidas sobre dúvidas: armadilhas do narrador

Qual seria o motivo de Capitu ser apresentada no romance com traços vestimentários tão simples e até pueris, incongruentes com os da mulher do século em que vive? Intriga mais o que não está lá do que o que está. Onde estarão os mimos da decoração pessoal, característicos de uma moça de quatorze anos, já podendo contrair matrimônio e constituir família? As rendas, os tecidos delicados, o tom da moda no vestir que era acessível até aos menos abastados, usados por estes sem opulência? A narrativa nos leva a crer que sua família não era tão pobre a ponto de não poder tê-los, simplórios que fossem. Porque não os quis? Porque esse narrador memorialista opta em rebuscar a imagem de José Dias e tornar opaca a de Capitu menina?

E também qual poderia ser a causa de uma demarcação tão profunda e oposta na indumentária da personagem: uma da menina, antes de casar-se, e outra da mulher, após seu casamento? Há uma incongruência marcante relacionada a essa demarcação, pois a indumentária de cadmomento da vida da personagem na narrativa não contém características que seriam próprias do guarda-roupa de uma mesma pessoa. Isto é, não há uma continuidade que reflita o estilo pessoal.

A Capitu que veste o vestidinho de chita e deseja usar o vestido à moda balão difere da que se apronta com amor para ir a bailes, preocupada com detalhes de moda, com a exposição do corpo e com a sedução. Se a intenção fosse criar uma continuidade e não uma distinta separação, como nos parece, os traços de vaidade presentes em Capitu, após seu casamento, já deveriam existir antes. Não há sequer menção de detalhes pequenos em seu vestuário, apenas o vestido de chita desbotado, uma fita de cabelo enxovalhada, parecendo então ser intencional essa omissão para a criação de duplicidades.

Então, podemos dizer que não é Capitu que se ocupa da moda, apesar de a desejar, mas sim José Dias que é quem mais usufrui do seu poder. Está marcado na personagem o traço da esperteza e do oportunismo, e isto também está refletido no seu modo de vestir: apropriar-se de itens da moda, ou que foram moda, para agregar à sua imagem os valores constituintes dessa indumentária, o seu poder de autoficção, criador de personas sociais. Não que, apropriando-se desse poder, o tenha para si, pois o narrador diz que o "rodaque de chita, veste caseira e leve, *parecia* (grifo nosso) nêle uma casaca de cerimônia." (p. 29) Quem o via sabia que seu traje não era o de um burguês, mas estavam ali traços de um cavalheiro, pelo porte, pelo uso das peças, pela forma como as mantinha cuidadas, sem ocultar totalmente a charlatanice necessária à sua trajetória na narrativa, o arrivista que era José Dias.

Capitu, ao que parece, não lançou mão dos artifícios da moda que promovem a sedução para conquistar Bentinho, não da mesma forma que as mulheres do seu tempo. Vimos que havia em Capitu o desejo de moda, aquilo que a fez desejar ver-se num vestido armado com crinolina, "à moda, saia balão", o que parece ser um tipo de sedução até mesmo mais refinada por ser literária: ao invés de usar a moda, a personagem fala dela. Promove no outro o medo da perda do ser amado ao enaltecer seus futuros dotes físicos. Nesse momento a moda

A sociedade e a moda do século xix: o jogo irônico em *Dom Casmurro* 151

torna-se então para Capitu uma espécie de argumento para dissuadir Bentinho de ir para o seminário.

Vê-se que a personagem carrega em si uma aparência inocente que contrasta com a mente arguta, com a dissimulação. Parece haver na escolha da indumentária da Capitu menina a mesma renúncia à moda encontrada no homem oitocentista: o ofuscamento da imagem de moda que permite o vislumbramento das características internas do indivíduo, os seus atributos, seus talentos pessoais, suas habilidades. Parece-nos que, retratando-a com essa simplicidade no vestir que ultrapassa sua condição social no romance, o autor possibilita a constituição de uma personagem dissimulada, oblíqua, audaciosa, manipuladora, com tantos outros adjetivos quantos lhe puderem ser atribuídos nesse sentido.

Observemos o seguinte trecho do romance para tentar compreender essas questões, para as quais, entretanto, não obteremos respostas, talvez mais dúvidas:

> Eu não sabia o que era oblíqua, mas dissimulada sabia, e queria ver se podiam chamar assim. Capitu deixou-se fitar e examinar. Só me perguntava o que era, se nunca os vira; eu nada achei de extraordinário; a côr e a doçura eram minhas conhecidas. A demora da contemplação creio que lhe deu outra ideia do meu intento; imaginou que era um pretexto para mirá-los mais de perto, com os meus olhos longos, constantes, enfiados nêles, e a isto atribuo que entrassem a ficar crescidos, crescidos e sombrios, com tal expressão que...
>
> Retórica dos namorados, dá-me uma comparação exata e poética para dizer o que foram aquêles olhos de Capitu. Não me acode a imagem capaz de dizer, sem quebra da dignidade do estilo, o que êles foram e me fizeram. Olhos de ressaca? Vá, de ressaca. É o que me dá ideia daquela feição nova. Trazia não sei que fluido misterioso e enérgico, uma fôrça que arrastava para

dentro, como a vaga que se retira da praia, nos dias de ressaca. Para não ser arrastado, agarrei-me às outras partes vizinhas, às orelhas, aos braços, aos cabelos espalhados pelos ombros; mas tão depressa buscava as pupilas, a onda que saía delas vinha crescendo, cava e escura, ameaçando envolver-me, puxar-me e tragar-me. (p. 77)

O que fica desse descritivo de Capitu é a "fôrça que arrastava para dentro". Que mulher poderosa parece ser Capitu, não precisando de adornos externos da moda, trazendo os cabelos soltos sem pudores, possuidora de um movimento interior tão forte capaz de envolver e seduzir por si. E desse instante de olhares trocados por Capitu e Bentinho segue-se um dos momentos mais sedutores do romance, em que sentimos a aproximação física dos dois namorados, o capítulo XXXIII, "O penteado". Bentinho perdido no olhar de Capitu se "agarra" aos seus cabelos e propõe-lhe um penteado que dá sequência a um beijo:

Continuei a alisar os cabelos, com muito cuidado, e dividi-os em duas porções iguais, para compor as duas tranças. Não as fiz logo, nem assim depressa, como podem supor os cabeleireiros de ofício, mas devagar, devagarinho, saboreando pelo tacto aquêles fios grossos, que eram parte dela. O trabalho era atrapalhado, às vezes por desazo, outras de propósito para desfazer o feito e refazê-lo. Os dedos roçavam na nuca da pequena ou nas espáduas vestidas de chita, e a sensação era um deleite. Mas, enfim, os cabelos iam acabando, por mais que eu os quisesse intermináveis. Não pedi ao céu que êles fossem tão longos como os da Aurora, porque não conhecia ainda esta divindade que os velhos poetas me apresentaram depois; mas, desejei penteá-los por todos os séculos dos séculos, tecer duas

A sociedade e a moda do século xix: o jogo irônico em *Dom Casmurro* 153

> tranças que pudessem envolver o infinito por um número ino-
> minável de vêzes. Se isto vos parecer enfático, desgraçado leitor,
> é que nunca penteastes uma pequena, nunca pusestes as mãos
> adolescentes na jovem cabeça de uma ninfa... Uma ninfa! Todo
> eu estou mitológico. Ainda há pouco, falando dos seus olhos de
> ressaca, cheguei a escrever Tétis; risquei Tétis, risquemos ninfa;
> digamos sòmente uma criatura amada, palavra que envolve to-
> das as potências cristãs e pagãs. Enfim, acabei as duas tranças.
> Onde estava a fita para atar-lhes as pontas? Em cima da mesa,
> um triste pedaço de fita enxovalhada. Juntei as pontas das
> tranças, uni-as por um laço, retoquei a obra alargando aqui,
> achatando ali, até que exclamei:
> – Pronto! (p. 78)

A imagem que fazemos de Capitu por essa descrição do narrador é a de uma menina/mulher, possuidora de uma sensualidade inocente em seu vestido de chita. Esse traje parece fazer parte do argumento do narrador para justificar o que seduz Bentinho em Capitu e não se cansa de citá-lo, associando-o à imagem da personagem.

Podemos perceber através da análise da indumentária das perso-nagens de *Dom Casmurro*, como visto nos exemplos apresentados no capítulo, que essa parece conter uma carga significativa capaz de alterar os caminhos da narrativa, isto é, os contornos que imprime nas per-sonagens permitem ao leitor percebê-las de forma determinada a criar contradições que fazem parte do jogo irônico presente na obra.

CAPÍTULO 3

MACHADO DE ASSIS
E *DOM CASMURRO*

O escritor Machado de Assis e sua relação com a sociedade de seu tempo

Qualquer estudo que tenha como *corpus Dom Casmurro*, de Machado de Assis, tem um grande desafio – analisar uma matéria extremamente complexa em sua aparente simplicidade – e a certeza de que o trabalho fatalmente sairá inconcluso, até certo ponto, pois essa obra não nos permite obter respostas definitivas, apenas supostas e variadas opções de análise.

Não nos deteremos em considerações sobre o autor, ou sobre o seu reconhecimento como um dos maiores escritores que o Brasil já conheceu: apenas abordaremos alguns aspectos de sua trajetória, importantes para esta pesquisa.

Antonio Candido, em seu "Esquema de Machado de Assis", faz uma análise de vida e obra de Machado de Assis, apontando alguns traços interessantes no que se refere à sua recepção no Brasil e no exterior:

> Se analisarmos a sua carreira intelectual, verificaremos que foi admirado e apoiado desde cedo, e que aos cinquenta anos era considerado o maior escritor do país, objeto de uma reverência e admiração gerais, que nenhum outro romancista ou poeta brasileiro conheceu em vida, antes e depois dele. Apenas Sílvio

> Romero emitiu uma nota dissonante, não compreendendo nem querendo compreender a sua obra, que escapa à orientação esquemática e maciçamente naturalista do seu espírito. (CANDIDO, 2004, p. 16)

O crítico ressalta que Machado teve o "raro privilégio de ser reconhecido e glorificado como escritor, com um carinho e um preito que foram crescendo até fazer dele um símbolo do que se considera mais alto na inteligência criadora." (CANDIDO, 2004, p. 16) Aponta ainda para o fato de que esse reconhecimento se deu apenas no território nacional, apesar de ser ele "um escritor de estatura internacional", e que só posteriormente houve um certo reconhecimento em alguns países.

Sílvio Romero, contemporâneo a Machado de Assis e seu desafeto, conforme apontam alguns críticos,[1] analisa a escrita machadiana pelo critério nacionalista, conceituando a inspiração nacionalista como não

---

1   Em "Nota Explicativa à 4ª Edição" da *História da Literatura Brasileira*, de Sílvio Romero (1960), Nelson Romero explica os acontecimentos referentes a um artigo polêmico, publicado na *Crença* do Recife, em 1870. Diz que, ainda moço, com dezenove anos, Sílvio Romero publicou uma análise sobre a obra poética *Falenas*, de Machado de Assis, mas com o intuito de ataque ao romantismo, "sob suas diversas formas, religiosas, sentimentais, céticas, indianas, condoreiras '*et le reste*'" (ROMERO, 1960, p. 20), e acabou fazendo-o através da figura de Machado e também de Tobias Barreto, com um entusiasmo juvenil. Não houve resposta de Machado à época, que contava 31 anos, mas nove anos mais tarde, no artigo "A nova geração" para a *Revista Brasileira*, o escritor analisa versos de Romero em *Cantos do fim do século*, e disse entre outras coisas: "A falta de estilo é uma grande lacuna nos escritos do Sr. Sílvio Romero." (ROMERO, 1960, p. 21) Estes fatos desencadearam outras reações e de outros escritores fazendo com que Romero se sentisse rigorosamente atacado e o assunto sempre abordado em outras ocasiões. Em 1897, Sílvio Romero publica o livro *Machado de Assis*, após um estudo aprofundado de sua obra no aspecto literário e, como explica Nelson Romero na nota explicativa citada acima, "porque sentiu que lhe negara demais".

Machado de Assis e *Dom Casmurro*   159

somente a "mais pegada à vida social", e também não como aquela que se relaciona à escolha do tema; para o crítico o caráter nacional acha-se na "índole, na intuição, na visualidade interna, na psicologia do escritor". Isto é, sendo de qual nacionalidade for um escritor (qualquer escritor), este tratará o tema escolhido de acordo com o "modo de representação espiritual" de sua nacionalidade original. O critico diz que Machado de Assis "não sai fora da lei comum, não pode sair, e ai dele se saísse. Não teria valor. Ele é um dos nossos, um genuíno representante da sub-raça brasileira cruzada." Ressalta ainda que Machado criou vários tipos "genuinamente brasileiros", "tipos sociais e psicológicos, que são *nossos* em carne e osso, e essas são as criações fundamentais de uma literatura". (ROMERO, 1980, p. 1502)

Em análise do prosador Machado de Assis, Romero cita quatro elementos capitais para estudá-lo: "o estilo, o *humour*, o pessimismo, os caracteres". É quando considera que se dará o conhecimento profundo do homem e do escritor, cujo estilo é assim definido:

> O estilo de Machado de Assis não se distingue pelo colorido, pela força imaginativa da representação sensível, pela movimentação, pela abundância, ou pela variedade do vocabulário. Suas qualidades mais eminentes são a correção gramatical, a propriedade dos termos, a singeleza da forma. (ROMERO, 1980, p. 1506)

Romero não se abstém de fazer críticas duras a Machado de Assis e estas sempre relacionando seu modo de escrever com os atributos físicos e psicológicos do escritor. Diz que sente falta de cenas da natureza no prosador, cenas que são "tão abundantes em Alencar", bem como cenas da história e da vida humana, estas "tão notáveis em Herculano e em Eça de Queirós". Diz que seu estilo reflete o seu espírito e sua "índole psicológica indecisa".

Tal visão mostrou-se completamente equivocada, como demonstrou claramente Candido (2004), dizendo ser do crítico a "nota dissonante" no que se refere a Machado de Assis. O escritor adotou temas genuinamente brasileiros, tratados entretanto com seu estilo pessoal. Diferentemente de Alencar, Machado foi capaz de descrever o cenário brasileiro através de suas personagens sem fazê-lo se sobrepor à narrativa.

No que se refere ao tema deste trabalho, é possível ver em *Dom Casmurro* o descritivo da indumentária das personagens e de sua vida social, mas não com um excesso que se sobreponha à narrativa. Ao contrário, essa questão pode passar desapercebida ao leitor, que pode não atentar ao que parece ser de caráter intencional na utilização da indumentária no romance.

Em "Instinto de nacionalidade", datado de 1873, Machado de Assis (1999) faz uma análise da literatura brasileira de sua época e dá título ao ensaio referindo-se ao traço mais característico encontrado nessa literatura. Ressalta então a tendência de todas as formas literárias de buscarem vestir-se com as cores do país, o que demonstra "vitalidade e abono de futuro". Diz ser seu objetivo com o referido ensaio atestar o fato de que há um desejo generalizado de criar uma literatura mais independente, o que leva aplausos principalmente a obras com cunho nacionalista.

Segundo Machado, há um farto manancial de inspiração dos quais os poetas e prosadores podem se apropriar na vida brasileira e na natureza americana, e deste surgirá a face do pensamento nacional. E diz:

> Esta outra independência não tem Sete de Setembro nem campo de Ipiranga; não se fará num dia, mas pausadamente, para sair mais duradoura; não será obra de uma geração nem duas; muitas trabalharão para ela até perfazê-la de todo. (Assis, 1999, p. 10)

O elemento indiano (ou nacionalista) é para o escritor "matéria de poesia", como tudo que traz as condições e os elementos de que o belo se compõe, mas afirma que dele a civilização brasileira não recebeu "influxo nenhum", nem mesmo quando relacionado à "personalidade literária" brasileira. Acentua que não há como retirá-lo de uma aplicação intelectual, mas que não se pode "constituí-lo um exclusivo patrimônio da literatura brasileira". Não está ali inteiro, portanto, o patrimônio da literatura brasileira, mas "apenas um legado, tão brasileiro como universal" e que não é a única fonte de inspiração dos escritores.

Então o escritor defende a opinião de que não é somente em obras que tratam de assunto local que se deve reconhecer o espírito nacional, tendo em vista que isto limitaria por demais o trabalho do escritor e, consequentemente, a própria literatura. Sobre isso Machado diz:

> Não há dúvida de que uma literatura, sobretudo uma literatura nascente, deve principalmente alimentar-se dos assuntos que lhe oferece a sua região; mas não estabeleçamos doutrinas tão absolutas que a empobreçam. O que se deve exigir do escritor, antes de tudo, é certo sentimento íntimo, que o torne homem de seu tempo e do seu país, ainda quando trate de assuntos remotos no tempo e no espaço. (ASSIS, 1999, p. 17)

Vários autores trataram da relação de Machado de Assis com a sociedade de seu tempo, visto que esta tem seu reflexo na obra do escritor. Candido ressalta a profunda compreensão do escritor das estruturas sociais de sua época:

> (...) há na sua obra um interesse mais largo, proveniente do fato de haver incluído discretamente um estranho fio social na tela do seu relativismo. Pela sua obra toda há um senso profundo, nada documentário, do *status*, do duelo dos salões, do movimento das camadas, da potência do dinheiro. O ganho, o lucro,

> o prestígio, a soberania do interesse são molas dos seus personagens, aparecendo em *Memórias Póstumas de Brás Cubas*, avultando em *Esaú e Jacó*, predominando em *Quincas Borba*, sempre transformado em modos de ser e de fazer. (...) O senso machadiano dos sigilos da alma se articula em muitos casos com uma compreensão igualmente profunda das estruturas sociais, que funcionam em sua obra com a mesma imanência poderosa que Roger Bastide demonstrou haver no caso da paisagem. (CANDIDO, 2004, p. 31)

O "estranho fio social", citado por Candido, juntamente com os "sigilos da alma" está de modo especial em *Dom Casmurro*. É essa junção que permite o uso da indumentária na obra de forma a caracterizar as personagens sem reduzi-las a simples manequins de vitrine, estáticos e pálidos. Ao contrário, a presença da mecânica da estrutura social e das próprias incongruências inerentes ao homem vêm propiciar, e mesmo justificar, a quantidade de referências à indumentária na obra.

Fato é que em *Dom Casmurro* encontramos um espelho vivo de um período da civilização brasileira, em descrições detalhadas da indumentária e do gestual das personagens, ajudando a compor o ambiente, os costumes da época. O romance torna-se, portanto, uma fonte riquíssima para o conhecimento da realidade sócio-cultural do Brasil do século XIX.

O cronista Machado de Assis

Machado de Assis trabalhou durante um bom período de sua vida escrevendo colunas diárias e semanais para periódicos e jornais cujo público era variado, composto principalmente de senhoras e profissionais liberais.

Na advertência da *Edição Colligida* por Mário de Alencar das crônicas escritas por Machado de Assis para *A Semana*, na *Gazeta de Notícias*, de abril de 1892 a março de 1897, Alencar reproduz um trecho de uma crônica escrita pelo jovem Machado, em seus 23 anos, para a revista *O Futuro*, em janeiro de 1862. Trata-se de uma conversa com sua pena:

> – Vamos lá; que tens aprendido desde que te encafuei entre os meus esboços de prosa e verso? Necessito mais que nunca de ti; vê se me dispensas as tuas melhores idéas e as tuas mais bonitas palavras; vaes escrever nas páginas do *Futuro*. Olha para que te guardei eu! Antes de começarmos o nosso trabalho, ouve, amiga minha, alguns conselhos de quem te preza e não te quer ver enxovalhada. *Não te envolvas em polemicas de nenhum genero, nem politicas, nem literarias, nem quaesquer outras; de outro modo verás que passas de honrada a deshonesta, de modesta a pretenciosa, e em um abrir e fechar de olhos perdes o que tinhas e eu o que te fiz ganhar. O pugilato das idéas é muito peior que o das ruas; tu és franzina, retrae-te na luta e fecha-te no circulo dos teus deveres, quando couber a tua vez de escrever chronicas. Sê enthusiasta para o genio, cordial para o talento, desdenhosa para a nullidade, justiceira sempre, tudo isso com aquellas meias tintas, tão necessárias aos melhores effeitos da pintura. Commenta os facos com reserva, louva ou censura, como te ditar a consciencia, sem cahir na exageração dos extremos. E assim viverás honrada e feliz.* (ASSIS, 1910, p. VIII)

Alencar ressalta que já aí estava o escritor habilidoso e percebemos que esses escritos iniciais já continham os sinais do que seria a sua trajetória, os toques de ironia e a crítica. Sobre esta última, a habilidade crítica de Machado de Assis, Alencar diz que o escritor a apurou de tal forma que poderia ter feito desta a sua glória:

As suas chronicas em regra desdenham os themas do comentario geral; preferem os factos minimos, as noticias escusas, que se prestavam á graça, ao humor, e á philosofhia risonha ou sceptica do chronista. Às vezes era um simples annuncio; ás vezes um telegramma, não rara coisa nenhuma; mas sobre coisas nenhumas ou minimas elle bordava sempre uma página admiravel. (ASSIS, 1910, p. IX)

O apreço pelo mínimo posteriormente foi observado por alguns estudiosos de Machado de Assis como uma característica de seu estilo; neste trabalho queremos associá-lo ao uso da indumentária que apontamos como parte da ironia que compõe a obra *Dom Casmurro*. Parece-nos também que esse mínimo pode ser encontrado no cronista, no seu contato diário com assuntos tão diversos e que devem ser amarrados em espaço tão curto como uma coluna de jornal ou periódico. Portanto, gostaríamos de nos deter em uma crônica de Machado de Assis escrita para *A Semana*, publicada na *Gazeta de Notícias*, em 4 de fevereiro de 1894. O escritor lamenta inicialmente não haver carnaval nesse ano:

Não veremos Vulcano estes dias, cambaio ou não, não ouviremos chocalhos, nem guizos, nem vozes tortas ou finas. Não sahirão as sociedades, com os seus carros cobertos de flôres e mulheres, e as ricas roupas de velludo e setim. A unica veste que poderá apparecer, é a cinta hespanhola, ou não sei de que raça, que dispensa agora os colletes e dá mais graça ao corpo. Esta moda quer-me parecer que péga; por ora, não há muitos que a tragam. Quatrocentas pessoas? Quinhentas? Mas toda religião começa por um pequeno número de fieis. O primeiro homem que vestiu um simples colar de missangas, não viu logo todos os homens com o mesmo traje; mas pouco a pouco a moda foi pegando, até que vieram atraz das missangas, conchas, pedras verdes e outras. D'ahi até o capote, e as actuaes mangas de presunto, em que as senhoras metem os braços, que caminho! O chapéo baixo, feltro ou palha, era ha 25 annos uma minoria infima. Ha uma chapelaria n'esta cidade que se inaugurou com chapéos altos em toda a parte, nas portas, vidraças, balcões, cabides, dentro das caixas, tudo chapéos altos. Annos depois, passando por ella, não vi mais um só d'aquella espécie; eram muitos e baixos, de varia materia e fórmas variadissimas.

Não admira que acabemos todos de cinta de seda. Quem sabe se não é uma reminiscencia da tanga do homem primitivo? Quem sabe se não vamos remontar os tempos até ao colar de missangas? Talvez a perfeição esteja ahi. Montaigne é de parecer que não fazemos mais que repisar as mesmas cousas e andar no mesmo circulo; e o Ecclesiastes diz claramente que o que é, já foi, e o que foi, é o que há de vir. Com autoridades de tal porte, podemos crer que acabarão algum dia alfaiates e costureiras. (...) (ASSIS, 1910, p. 113)

17. Vestido de noiva de 1898: mangas em destaque.

A crônica mostra a habilidade do escritor em passar de um assunto a outro com sutileza, mesmo que estes sejam aparentemente contrários. A sua segurança em transitar por tais assuntos, incluindo a moda, pode ser contemplada no excerto acima. Nele podemos observar uma sutil análise do processo com que se configura a moda em seu característico mecanismo da repetição, de retomada, de vida e morte de que já tratamos anteriormente. Machado compara a moda a uma religião que começa com poucos fiéis até ir alcançando um grande público e chega a ironizar esse mecanismo, propondo um retrocesso até chegarmos ao homem primitivo e seu colar de missangas, sem saber que a repetição e a retomada viriam a ser o maior argumento de moda nos meados do século xx até os dias de hoje. Pois é esse processo de morte e vida presente na moda que a faz existir, que a alimenta. Aponta ainda, pela menção a Montaigne e ao Eclesiastes, que esse repisar das mesmas coisas, esse andar em círculos, é característica do ser humano.

Por essa pequena mostra do trabalho do cronista Machado de Assis, podemos compreender a facilidade com que também tratava desses assuntos na ficção. Com grande facilidade dispunha de temas aparentemente superficiais e dos de cunho político ou outros de natureza séria, como na crônica citada acima, que termina por tratar das mortes por insolação que ocorreram no período.

No decorrer deste trabalho apontamos a utilização da indumentária como uma estratégia narrativa em *Dom Casmurro*. Demonstramos através de exemplos a presença de peças da indumentária que aparecem inseridas na narrativa aparentemente sem intenções maiores do que entretenimento do leitor, e que culminam por fazer parte de uma estratégia narrativa maior, focada na construção do jogo irônico ali presente. Percebemos que tanto nas crônicas quanto em *Dom Casmurro* a moda e a indumentária são utilizadas de forma a trazer leveza ao texto, em histórias corriqueiras, até mesmo aparentemente supérfluas, mas que estão sempre associadas a uma intenção, e se constituem numa escrita que é parte do estilo machadiano.

O estilo e a ironia machadianos

Como compreender o estilo do escritor Machado de Assis? Segundo Peres, podemos levar em conta, ao analisar a obra do escritor, as mais variadas acepções de estilo com a possibilidade de inventar outras, mas "jamais seremos capazes de compreender plenamente o 'estilo de Machado de Assis." (PERES, 2005, p. 83) A autora acentua que poderemos apenas "girar em torno dele", relacionando a expressão ao processo de pesquisa que, segundo ela, tem esse significado "girar em torno de":

> Diante da abertura incessantemente provocadora dos escritos machadianos, o que nos resta também é *voltear*, sem a falsa ilusão de ter atingido seu significado último, de interpretá-los inteiramente. Nada nos resta, enfim, do que a satisfação sempre renovada desses sucessivos giros, a estonteante sensação de nos confrontarmos com o brilho incomum de um objeto exaustivamente trabalhado, depurado, lapidado. (PERES, 2005, p. 84)

Sem dúvida pressentimos, no processo de pesquisa deste trabalho, essa sensação constante de que fala Peres, de lidar com uma obra de que não se podem fixar significados, nem se trata aqui deste objetivo. Ao contrário, pretendemos acentuar a existência dessa abertura em *Dom Casmurro*, observada também através do viés da moda.

Peres procura delimitar o estilo machadiano, mesmo sabendo ser tarefa difícil (ou impossível), por meio de determinadas "insistências" recorrentes em seu texto:

> Dentre inúmeras, venho destacando as seguintes, que acabam por se articular, se entrelaçar na trama dessa escrita: a *reiterada demanda do olhar do leitor*; a *busca do casamento perfeito* (não apenas entre um homem e uma mulher, mas também o casamento das palavras, magistralmente ilustrado em "O cônego ou a metafísica do estilo", já citado); *a complexa e instigante relação de Machado com o epíteto, com o adjetivo*. (PERES, 2005, p. 87)

A esta pesquisa interessa particularmente uma dessas insistências destacadas por Peres, justamente a relação do escritor com o adjetivo, que queremos associar ao uso constante da indumentária em *Dom Casmurro*. A autora ressalta que Machado em vários momentos critica o uso de adjetivos, mas não deixa de usá-los: "Não podemos nos esquecer dos adjetivos que ajudam a compor a frase talvez mais célebre de *Dom Casmurro*, referente a Capitu: a 'dos olhos de ressaca, de cigana *oblíqua* e *dissimulada*'". (PERES, 2005, p. 88)

Ora, não será também o descritivo da indumentária uma espécie de adjetivo que vem se juntar a esses referidos por Peres? Não terá efeito parecido no que se refere à constituição da personagem a sua descrição "apertada em um vestido de chita, meio desbotado"? E José Dias? Não terá a personagem contornos mais específicos através do descritivo de sua indumentária, num processo similar ao do adjetivo que altera o substantivo a que se refere? Parece que sim, conforme demonstramos anteriormente. O fato de associar à personagem o uso de presilhas, indicando uma característica tradicionalista em sua personalidade, e de usar um modelo de gravata que era moda no momento, cria para esta um traço marcante de ambiguidade, moldando-a como pessoa manipuladora de sua imagem, capaz de usar do poder que a indumentária pode conferir. É sob esse prisma que a indumentária ganha força de adjetivo – apontado por Peres como uma das "insistências" que nos levam a reconhecer a escrita machadiana.

Essa escrita também é marcada pela ironia. Duarte (2006) a define no caso de Machado, como ironia *humoresque*, "o não já e ainda não". Nas palavras da autora, a intenção do autor não é:

> (...) dizer o oposto ou simplesmente dizer algo sem realmente dizê-lo. É, ao contrário, manter a ambiguidade e demonstrar a impossibilidade de estabelecimento de um sentido claro e definitivo, pois o texto construído com essa ironia se configura como código evanescente e lugar de passagem. (Duarte, 2006, p. 31)

Essa ironia presente em *Dom Casmurro*, segundo a autora, é o que resulta na impossibilidade de determinar se realmente houve traição por parte de Capitu ou se "o autor apenas exibe diante do leitor alguns dos artifícios com que constrói o seu romance." (Duarte, 2006, p. 32) É o que mantém a abertura apontada por Peres (2005) e constrói a ambiguidade dessa obra machadiana, de que fazem parte elementos da moda.

Estratégias de narração e jogo irônico

Uma obra machadiana como *Dom Casmurro* instiga por sua construção de leitura aparentemente fácil, como apontou Candido: "Machado de Assis, enigmático e bifronte, olhando para o passado e para o futuro, escondendo um mundo estranho e original sob a neutralidade aparente das suas histórias *que todos podem ler*." (Candido, 2004, p. 17) Mas que universo é esse que inspira tantos estudos e que estratégias narrativas são essas que agarram o leitor e levam-no a sentir-se tão estranhamente envolvido como se dessas narrativas fosse também meio autor?

Difícil definir exatamente o que se passa em *Dom Casmurro*, e nem deve ser essa a intenção de um estudo que tenha essa obra como foco, pois estará fadado ao fracasso o pesquisador que a isso se propuser. Buscaremos apenas apontar alguns pontos sobre a forma de escrever de Machado de Assis. É de Antonio Candido o seguint▸ pensamento:

> A sua técnica consiste essencialmente em sugerir as coisas mais tremendas da maneira mais cândida (como os ironistas do século XVIII); ou em estabelecer um contraste entre a normalidade social dos fatos e a sua anormalidade essencial; ou em sugerir, sob aparência do contrário, que o ato excepcional é normal, e anormal seria o ato corriqueiro. Aí está o motivo da sua modernidade, apesar do seu arcaísmo de superfície. (CANDIDO, 2004, p. 23)

E talvez seja esse o motivo de nos sentirmos tão à vontade ao mesmo tempo que perplexos, enquanto leitores, no desfrute dessa escrita sedutora. A oposição de que fala Candido propõe uma visão espantosa da realidade (baseada em sua versão mimética apresentada na ficção machadiana) e também conhecida, já sentida. Isto é, ao leitor é revelado aquilo que ele já sabia: que sempre serão surpreendentes as relações humanas, que delas não se pode determinar grau de normalidade, que normalidade ou padrão de conduta em sociedade são questões que perpassam por um grau de indeterminação bastante variado.

Outro autor que reflete sobre *Dom Casmurro* e aponta um traço importante também nesse sentido – do gosto pela oposição, pelos contrários que provocam uma certa desordem desconcertantemente organizada, e aparentemente não intencionada –, é Baptista (2001), que analisa a formatação do romance como uma obra que está sendo escrita pelo escritor Dom Casmurro, estando inseridos nela alguns elementos extremamente contraditórios, provocadores dessa "confusão":

Machado de Assis e *Dom Casmurro*

> O romance exibe uma presença excessiva do autor – e refiro-me, é obvio, ao autor ficcional, que designarei sempre por Dom Casmurro –, muitas vezes em pleno exercício de vigilância, mas desse excesso e sobretudo dessa vigilância não resulta mais do que uma notabilíssima confusão. Chamo "confusão", aliás pedindo o termo de empréstimo ao próprio Dom Casmurro, ao estado paradoxal do livro em que a inscrição parece fazer-se sem vigilância – como se não existisse um significado prévio a orientá-la – e a vigilância se corrompe na materialidade de nova e específica inscrição a que se vê obrigada: um estado em que nada se emenda bem. (BAPTISTA, 2001, p. 91)

O autor fala da contradição do narrador ao iniciar o romance dizendo que iria "deitar ao papel as reminiscências que me vierem vindo" (p. 26); no entanto diz, no capítulo XCVII, "A saída", estar já no meio do livro e que a inexperiência o fez ir atrás da pena; constata agora que o papel está a acabar, sendo que ele ainda tinha o melhor da narração a dizer! O leitor que tinha em mãos um livro que aparentemente estava sendo escrito ao curso da memória do narrador, guiado por esta, vê-se agora com uma obra que tem "a composição sujeita a limites determinados e de que há urgência em completá-la." (Baptista, 2001, p. 92) O autor analisa:

> É obvio que a relação de Dom Casmurro com o próprio livro se alterou. Mas o problema não reside na simples inclusão no livro de duas definições antagônicas do mesmo livro, o que por certo, além de plausível, seria suportável sem risco de desfiguração, considerando que vem sendo escrito segundo um princípio de indeterminação. O problema está em que a nova definição se infere de uma decisão de reencaminhamento perante um desvio que, por sua vez, se conformava com a primeira e explícita

> definição supostamente em vigor: estamos agora diante de uma
> definição que se apresenta como se fosse e tivesse sido sempre a
> única e que justamente define um livro que não suporta senão
> uma definição única. (BAPTISTA, 2001, p. 92)

Segundo Baptista, o narrador reconfigura o livro a partir desse capítulo, mas deixa intocadas "as marcas da inexperiência". Também aponta alguns efeitos dessa reconfiguração que, para este trabalho, interessam na medida em que envolvem as intenções do narrador e suas estratégias narrativas. Entre eles está o efeito de levar o leitor a uma releitura: onde anteriormente havia esse "autor inexperiente arrastado pela pena", num "livro digressivo, dividido em capítulos curtos, ligados entre si por conexões frágeis, por vezes caprichosas", há agora um "caminho narrativo único", que se configura em princípio, meio e fim, com uma "totalidade unificada" que forma uma "história completa". (BAPTISTA, 2001, p. 94)

A carga de superficialidade e futilidade (ou frivolidade) presente na moda, na indumentária como objeto de cena de *Dom Casmurro*, aparece em muitos trechos como se agregasse esse movimento casual do "autor inexperiente arrastado pela pena". As reminiscências caprichosas do autor "inexperiente" perpassam por meias de seda de senhoras afrancesadas, saias balão, rodaques de chita e gravatas de cetim, vestidos de chita apertados e desbotados, um *dandy* que passa em seu alazão, e aparecem na narrativa como suportes da suposta boa memória do narrador, da suposta veracidade do que está sendo dito em detalhes tão minuciosos que às vezes tomam ares desinteressantes ou passam desapercebidos.

Mas o que dizer quando a obra toma os ares de "totalidade unificada" sugeridos por Baptista? Há de se desconfiar destas inserções e das consequências que elas terão na obra, do que elas provocarão de desordem e de nova ordenação de sentido na percepção do leitor.

Essa estrutura contraditória exposta por Baptista parece ser também parte do jogo irônico presente na obra e apenas vem confirmar a análise de vários críticos e estudiosos da obra machadiana que vêem em *Dom Casmurro* uma obra desafiadora e impossível de ser delimitada em um círculo fechado.

O narrador memorialista e o leitor desconfiado

Cremos já conhecer bastante o nosso narrador – que aqui resolvemos denominar memorialista por sua intenção expressa em princípio de contar a história de sua vida, suas memórias ou reminiscências, como ele mesmo as denomina.

Então buscaremos agora entender o processo com que se configura essa espécie de narrador na obra machadiana e para isso tomaremos de empréstimo um trecho de outra obra, *Esaú e Jacó*, capítulo XIII, "A epígrafe":[2]

> Ora, aí está justamente a epígrafe do livro, se eu lhe quisesse pôr alguma, e não me ocorresse outra. Não é sòmente um meio de completar as pessoas da narração com as ideias que deixarem, mas ainda um par de lunetas para que o leitor do livro penetre o que fôr menos claro ou totalmente escuro.
>
> Por outro lado, há proveito em irem as pessoas da minha história colaborando nela, ajudando o autor, por uma lei de solidariedade, espécie de troca de serviços, entre o enxadrista e seus trebelhos.
>
> Se aceitas a comparação, distinguirás o rei e a dama, o bispo e o cavalo, sem que o cavalo possa fazer de tôrre, nem a tôrre

---

2   Este capítulo refere-se ao verso de Dante Alighieri, da *Divina Comédia*, Canto V, citado no capítulo anterior: "Dico, che quando l'anima mal nata..." (ASSIS, 1978, p. 62) O verso em Dante é uma alusão ao determinismo religioso e metafísico prestigiado na Idade Média: o da predestinação divina.

de peão. Há ainda a diferença da côr, branca e preta, mas esta não tira o poder da marcha de cada peça, e afinal umas e outras podem ganhar a partida, e assim vai o mundo. Talvez conviesse pôr aqui, de quando em quando, como nas publicações do jôgo, um diagrama das posições belas ou difíceis. Não havendo tabuleiro, é um grande auxílio êste processo para acompanhar os lances, mas também pode ser que tenhas visão bastante para reproduzir na memória as situações diversas. Creio que sim. Fora com diagramas! Tudo irá como se realmente visses jogar a partida entre pessoa e pessoa, ou mais claramente, entre Deus e o Diabo. (Assis, 1978, p. 62)

Lunetas há por toda obra, mas se deixam ver o que estava pouco claro ou totalmente escuro, ou se apontam para várias direções, não irão guiar o leitor para lugar certeiro. O narrador de *Esaú e Jacó* esclarece o que espera de suas personagens: uma colaboração com o autor, ele mesmo. E faz uma pequena confusão (proposital?) entre o leitor e as personagens de sua história. Será para que o leitor se enxergue nelas? Primeiro a epígrafe poderá ajudar a "completar as pessoas da narração com as ideias que deixarem", além de servirem de lunetas para o leitor. Depois, as próprias "pessoas da história" poderão ir ajudando o autor, por solidariedade, como o enxadrista e seus trebelhos. O narrador parece dar-lhes vida, como se andassem por pernas próprias e tivessem poder particular de marcha, de ganhar ou perder a partida. Diagramas, isto é, pré-determinação? "Fora com diagramas!" O leitor verá o jogo ao vivo: "entre pessoa e pessoa", ou "entre Deus e o Diabo." Novamente os extremos que parecem constantemente ser alvo de ironias na obra machadiana.

Parece haver nessas ideias sobre as atividades do narrador, as do leitor e também as das personagens uma composição. Relacionando tais ideias à epígrafe, a frase de Dante a que se refere o narrador, e que fala em determinismo, o mesmo parece acontecer com as personagens, pois estas, segundo o narrador, têm poder da marcha própria, "e afinal umas e outras podem ganhar a partida, e assim vai o mundo." Parece indicar o narrador que as pessoas de sua história, isto é, as personagens da obra, têm em sua vida ficcional também um determinismo que as define, como se dessa vida o autor não tivesse poder de mando, sendo ele apenas o escrevente e não o criador.

Ao trazer para a narrativa de *Dom Casmurro* as ideias do narrador de *Esaú e Jacó*, encontramos uma espécie de composição parecida: a narrativa advém do autor que manipula um narrador; esta é algo construído passo a passo e planejado, como o enxadrista que planeja por vários minutos como irá mover suas peças, qual será o próximo lance; há colaboração do leitor que se utiliza das lunetas disponíveis no texto para seguir caminhos, às vezes vários; como já observamos, as personagens têm "marcha própria", parecem caminhar conforme um tipo de determinismo, segundo seu narrador.

Há, entretanto, em *Dom Casmurro*, uma incongruência com relação à criação da obra. O narrador diz que são memórias, ou reminiscências que vão vindo, mas ao mesmo tempo parece ter um "diagrama" pré-concebido para o jogo. Parece então, que esta é uma estratégia narrativa possível de ser realizada nas mãos dessa espécie de narrador, um pseudo-narrador memorialista, tão charlatão quanto José Dias.

Essa composição de que falamos resulta em uma obra que expõe sua condição ficcional, de fingimento. O narrador Dom Casmurro quer fazer sua história parecer real, mas também quer desmascará-la. Por isso, no percurso da narrativa, há tantas incongruências, tantos fatos que se sobrepõem num jogo de contradições tão sutil que muitas vezes não é percebido pelo leitor.

Vejamos agora o destaque da presença do narrador que Candido observa existir na ficção machadiana:

> O que primeiro chama a atenção do crítico da ficção de Machado de Assis é a despreocupação com as modas dominantes e o aparente arcaísmo da técnica. Num momento em que Flaubert sistematizara a teoria do "romance que narra a si próprio", apagando o narrador atrás da objetividade da narrativa; num momento em que Zola preconizava o inventário maciço da realidade, observada nos menores detalhes, ele cultivou livremente o elíptico, o incompleto, o fragmentário, intervindo na narrativa com bisbilhotice saborosa, lembrando ao leitor que atrás dela estava a sua voz convencional. Era uma forma de manter, na segunda metade do século XIX, o tom caprichoso de Sterne, que ele prezava; de efetuar os seus saltos temporais e brincar com o leitor. Era também um eco de *conte philosophique*, à maneira de Voltaire, e era sobretudo o seu modo próprio de deixar as coisas meio no ar, inclusive criando certas perplexidades não resolvidas. (CANDIDO, 2004, p. 22)

O aspecto que queremos ressaltar referente ao narrador em *Dom Casmurro* é justamente esse do qual fala Candido, é sua presença que faz com que as coisas possam ficar "meio no ar", abrindo espaço para a criação de "certas perplexidades não resolvidas", como denomina o autor as temáticas de Machado de Assis.

A ironia pressupõe a valorização do leitor como receptor de uma mensagem que lhe é apresentada de forma camuflada, isto é, se faz necessária sua participação direta na interpretação do texto (DUARTE, 2006). A ironia em *Dom Casmurro* exige a presença do leitor na medida em que só se realiza através de sua aceitação em participar do jogo proposto pelo narrador.

A narrativa de *Dom Casmurro* é marcada pelo apelo constante ao leitor; o narrador não escreve a sua história sem destinatário, mas antes o classifica: "há leitores tão obtusos, que nada entendem, se se lhes não relata tudo e o resto." (p. 189); denuncia que os rumos de sua narrativa são alinhados de acordo com o humor deste, que o quer ao seu lado o tempo todo, como no capítulo CXIX, "Não faça isso, querida!": "A leitora, que é minha amiga e abriu êste livro com o fim de descansar da cavatina de ontem para a valsa de hoje, quer fechá-lo às pressas, ao ver que beiramos um abismo. Não faça isso querida; eu mudo de rumo." (p. 204); ensina-o como compreender seu livro através de sua própria experiência de leitor:

> Nada se emenda bem nos livros confusos, mas tudo se pode meter nos livros omissos. Eu, quando leio algum desta outra casta, não me aflijo nunca. O que faço, em chegando ao fim, é cerrar os olhos e evocar tôdas as cousas que não achei nêle. Quantas ideias finas me acodem então! Que de reflexões profundas! Os rios, as montanhas, as igrejas que não vi nas fôlhas lidas, todos me aparecem agora com as suas águas, as suas árvores, os seus altares, e os generais sacam das espadas que tinham ficado na bainha, e os clarins soltam as notas que dormiam no metal, e tudo marcha com uma alma imprevista.
>
> É que tudo se acha fora de um livro falho, leitor amigo. Assim preencho as lacunas alheias; assim podes também preencher as minhas. (p. 119)

É uma relação íntima entre narrador e leitor a que pode ser encontrada em *Dom Casmurro*. Ora o narrador o repreende por estar desatento, ora o induz a ver o que não está escrito diretamente: o seu leitor deve saber ler os livros omissos, pois neles tudo se pode meter.

É Peres quem também ressalta essa relação e a classifica como uma parceria entre leitor e autor:

> Não podemos nos esquecer de que, com a publicação de *Dom Casmurro*, Machado consegue atingir uma parceria absolutamente sólida com o leitor. Aliás, em alguma medida, creio ser possível considerar a conhecida frase do narrador do livro como paradigmática da procura do próprio autor: "Assim preencho as lacunas alheias; assim podes também preencher as minhas". Ambos usaram de todos os artifícios para atrair, persuadir o leitor, completá-lo e, se não realizaram esta tarefa impossível, de fato o seduzem, sem tréguas, já há mais de um século. (PERES, 2005, p. 91)

A autora aponta o caráter de persuasão e sedução característico dessa relação triádica em *Dom Casmurro* – entre autor, narrador e leitor – que é reflexo do jogo irônico presente na obra. Essa ironia, que se estrutura como jogo por exigir a atuação pontual dessa tríade da qual falamos, exige um receptor atento, desconfiado. O leitor "obtuso" definido pelo narrador de *Dom Casmurro*, aquele que não entende nada se não lhe é dito "tudo e o resto", não participa dessa ironia característica da obra:

> Essa ironia deixa assim em dúvida perene aquele leitor que procura um sentido final para o texto, obstinando-se em decifrar as suas incongruências, sem atentar para o caráter lúdico, fluido e instável da linguagem que o constitui. (DUARTE, 2006, p. 32)

Percebemos que o que chamamos aqui de relação triádica é o que salta aos olhos na leitura da obra. E é desta relação que decorre a atmosfera irônica que promove a ambiguidade, a multiplicidade de interpretações e opções de análise presentes em *Dom Casmurro*.

CONCLUSÃO

No decorrer deste trabalho nunca tivemos em mente a busca de fórmulas ou soluções para desvendar/decifrar os "enigmas" que envolvem *Dom Casmurro*, de Machado de Assis. Ao contrário, pretendemos sempre explicitar o aspecto que nos pareceu mais marcante na obra: o de ser ela construída visando à manutenção da ambiguidade e da instabilidade de múltiplos sentidos que não se deixam fixar. Percebemos que as estratégias narrativas utilizadas permitem e mesmo exigem a participação do leitor, e este se depara com uma estrutura de jogo, no qual as características citadas acima são amplamente cultivadas.

Na análise dos exemplos apresentados no decorrer do trabalho pudemos constatar que a ambiguidade e a duplicidade de vários aspectos da moda parecem ter sido utilizadas para a manutenção dessa atmosfera instável de que falamos em *Dom Casmurro*. Nesse sentido, tentamos mostrar que a questão da indumentária na obra se estrutura em duas vertentes que se desenvolvem juntas e se completam, produzindo o mesmo efeito: a exposição de uma intenção autoral na construção de uma narrativa deslizante.

A primeira vertente surge de uma análise da imagem criada para as personagens José Dias, Capitu e Escobar (manipuladores, calculistas, movidos por interesses), através do descritivo de sua indumentária, que se opõe à imagem de Bentinho (aparentemente inocente, ingênuo), e sem suporte de indumentária. A segunda vertente de análise se baseia na presença de peças de moda, características do período, que são inseridas em episódios da obra, contados pelo narrador como se ali estivessem descompromissadas com o todo da narrativa, como se apenas fizessem parte de suas "reminiscências".

Para a análise da primeira vertente, que está relacionada ao descritivo da indumentária das três personagens já citadas, utilizamos o conceito que denominamos de autoficção possível ao usuário de moda, o qual permite a manipulação de peças do vestuário em favor da criação de identidades variadas num mesmo indivíduo, Castilho (2002) chama essa estratégia de "protagonização de diferentes papéis sociais" por um mesmo indivíduo, comparando-o a um ator que se movimenta em diversas cenas. No âmbito desse conceito está também o "trazer algo para si", presente na palavra traje, ou trajo, como prefere Barthes (1977), todos esses conceitos tratados no capítulo 1.

Ao aplicá-los à indumentária das personagens de *Dom Casmurro*, percebemos que podem funcionar como adjetivo, o que já foi apontado por Peres (2005) como uma das "insistências" de Machado que indicam o seu estilo. Esse efeito de adjetivo, que sugerimos também ser função da indumentária das personagens da obra, ocorre quando possibilita a construção de uma imagem que possui certos contornos que só poderiam ser criados através dessa imagem. Mas, ao contrário do que poderia parecer, trata-se de uma imagem que não se fixa; nela está marcada a instabilidade da moda que denuncia a presença do jogo constituído pela tríade autor, narrador e leitor.

A instabilidade que está presente na moda foi vista também como reflexo da instabilidade inerente ao ser humano, que paira no romance

Conclusão

183

através da errância de sentidos dos signos vestimentários, da camuflagem e do disfarce por eles permitida, do desejo apontado nas personagens de serem únicas, ao mesmo tempo que de pertencer a um grupo. Vimos então que o fenômeno moda possibilita, em *Dom Casmurro*, a criação de traços "veristas", segundo termo de Barthes (1977), sendo que estes, paradoxalmente, culminam por não permitir a construção de um sentido fixo na obra.

Percebemos que as personagens de *Dom Casmurro* – José Dias, Capitu e Escobar – como usuárias de moda e, portanto, sucetíveis aos poderes por ela emanados, têm em sua indumentária um suporte para a construção de identidades ficcionais, contribuindo assim para o jogo irônico na obra. A indumentária dessas personagens funciona, portanto, como pistas para que o leitor as conheça, e ao mesmo tempo como armadilhas para que essas possam circular pela história sem se deixar apreender completamente.

O traço vestimentar garante a coerência visual da imagem cênica da obra ao não se apresentar com detalhes excessivos que pudessem subverter a narrativa e ao estar de acordo com o seu tempo histórico, com o tipo físico de cada uma das personagens, com sua posição social e cultural na narrativa e também com as características principais de sua personalidade. Mas, principalmente, a indumentária dessas personagens cumpre o papel de dar-lhes características instáveis, propiciando uma intenção aparentemente primordial: a de manter a ambiguidade, na medida em que são inseridas incongruências em seu funcionamento.

José Dias foi apontado como o principal usuário de moda do romance, utilizando-se do poder que podia subtrair de seu arsenal para manipular sua imagem, como demonstramos no capítulo 2. Foi visto também como a personagem mais ambígua e contraditória, alguém que busca se infiltrar onde deseja através de mentiras, jogos de enganos, charlatanices, manipulando convenientemente informações de diversos assuntos e temas, inclusive a moda e a linguagem. Portanto, a indumentária de José Dias torna-se parte importante na construção dessa imagem, na medida em que funciona no romance como signo de ambiguidade, de contradição. Assim, nada do que é dito por essa personagem pode ser realmente considerado e é muitas vezes através de José Dias que conhecemos Capitu. Ao construir uma personagem tão deslizante como José Dias, o narrador do romance torna-se indigno de confiança. Parece então ser parte do jogo irônico presente na obra essa desconfiança que vem em cadeia e que se espalha pela narrativa.

Capitu também possui traços incongruentes advindos de sua indumentária, mas esses funcionam na personagem de uma forma particularmente diferente da de José Dias. Os aspectos femininos de sedução, característicos do século xix, são calados em Capitu. Ao contrário, é-lhe atribuída inicialmente uma indumentária sem atrativos, para realçar sua condição social como inferior à de Bentinho, de modo a atribuir-lhe os traços masculinos do período: a argúcia, a atitude, a inteligência que não se acomoda, para conferir-lhe uma duplicidade capaz de criar duas mulheres numa só, demarcando-se na narrativa o instante da diferença: o casamento. As incongruências presentes na indumentária de Capitu refletem a duplicidade de sentidos que o narrador parece desejar imprimir na obra. São elas que (re)afirmam as opiniões contraditórias a respeito da personagem expressas por Bentinho, José Dias e Dom Casmurro.

Já Escobar tem em sua indumentária uma ferramenta para fortalecer seus caracteres de comerciante corajoso, audacioso, manipulador de situações para que possa chegar ao sucesso pessoal. São características aparentemente sugeridas pelo narrador para manter uma suspeita sobre o amigo de Bentinho. Seria um bom amigo, fiel a Bentinho?

As duplicidades reforçadas pela indumentária das personagens ajudam assim a criar dúvidas e desconfianças no leitor sobre tudo na narrativa. Este não se sente tranquilo na leitura da obra; sempre o acompanharão perguntas que não terão respostas.

Conclusão

A segunda vertente de análise no que se refere à indumentária presente em *Dom Casmurro* – apontada como a inserção de peças de moda características do século xix em episódios contados pelo narrador sem um propósito anunciado, como que para dar um ar de memórias narrativa –, parece caracterizar esses episódios como elementos de construção da relação autor, narrador, leitor. Esta relação triádica, diante desses episódios aparentemente sem importância e com tantos dados relacionados à moda, datados pelo tempo, torna-se significativa na medida em que parece pretender conquistar a confiança do leitor na veracidade dos fatos narrados, sugerindo a proximidade com a realidade e a confiabilidade da boa memória do narrador, como o próprio afirma. Portanto, parece ser intenção do narrador autorizar a sua história, a que está sendo contada, como a verdade, como se fosse uma biografia. Mas o leitor não achará uma verdade nem com "verismos", nem com personagens tão coerentes com a instabilidade do ser humano, pois, apesar desse cenário, é o próprio narrador quem trata de questionar essa verdade. É da mesma história narrada por ele que temos as incongruências que mantêm as dúvidas.

A análise da indumentária em *Dom Casmurro* parece assim poder ser considerada como suporte para uma pretensa veracidade que o narrador parece desejar querer apresentar na narrativa, também pelos traços vestimentários. Mas, diante da potência instável e flutuante que é a moda, associada à outra igualmente instável e flutuante, que é a literatura, isso não se realiza. Ao contrário, a presença da moda como elemento da construção ficcional na narrativa de *Dom Casmurro*, como parte da ironia marcadamente presente na obra, amplia o deslizamento de sentidos, a sua não fixação.

O que se realiza, então, é um jogo entre o ser e o (a)parecer, entre o mostrar e o esconder, jogo no qual as insinuações são muitas, mas não há confirmações. Essa confluência entre o espaço ficcional da moda e o espaço ficcional da literatura, presente em *Dom Casmurro*, ainda torna possível o vislumbramento do estado paradoxal da narrativa que, ao permitir a construção das personagens também pelo seu vestuário, se desnuda como ficção, como algo que é aparentemente pré-concebido, e também exibe a sua errância na medida que essas personagens parecem caminhar pelas próprias pernas. Isto é, ao caracterizar personagens tão bem delineadas, o autor parece ter um instante de descontrole frente à forte coerência visual da imagem cênica da obra, o que afinal pode ser visto também como estratégia de construção de sua ironia.

Por fim, pensamos que este trabalho permitiu perceber que a moda, quando observada e analisada no espaço ficcional da literatura, torna-se também uma fonte para a compreensão de um povo, de uma cultura, de uma sociedade e dos elementos que a compõem, e que ela espelha o "espírito da época". Concluímos assim que *Dom Casmurro* é uma obra que reflete um momento histórico específico, com as mudanças sociais, políticas, culturais do século XIX, e suas circunstâncias expostas na narrativa por meio de desdobramentos surpreendentes, como a moda.

REFERÊNCIAS

BIBLIOGRÁFICAS

Bibliografia

Araújo, Emanuel. "A arte da sedução: sexualidade feminina na colônia". In: Priore, Mary Del (org.). *História das mulheres no Brasil*, 7ª ed. Coord. de textos Carla Bassanezi. São Paulo: Contexto, 2004, p. 45-77.

Assis, Machado de. *Dom Casmurro*. .: Massaud Moisés (org.). São Paulo: Cultrix, 1960. (org.)

Assis, Machado de. *Esaú e Jacó*. São Paulo: Egeria, 1978.

Assis, Machado de. "Instinto de nacionalidade". In: Assis, Machado de. *Instinto de nacionalidade & outros ensaios*. Porto Alegre: Mercado Aberto, 1999, p. 9-36.

Assis, Machado de. *A semana*, por Machado de Assis. Ed. Collegida por Mário de Alencar. Rio de Janeiro: Garnier, 1910.

Baptista, Abel Barros. "A reforma hermenêutica acerca da legibilidade de *Dom Casmurro*". *Metamorfoses 2*. Lisboa: Edições Cosmos, 2001, p. 91-108.

Barthes, Roland. "As doenças do trajo de cena". In: *Ensaios críticos*. Coleção Signos, n. 11. São Paulo: Martins Fontes, 1977, p. 75-86.

BARTHES, Roland. *Sistema da moda*. São Paulo: Nacional/Edusp, 1979.

BAUDRILLARD, Jean. "A moda ou a magia do código". In: *A troca simbólica e a morte*. São Paulo: Loyola, 1996. p. 111-129.

BLANCHOT, Maurice. *O espaço literário*. Rio de Janeiro: Rocco, 1987.

BRAGA, João. *Reflexões sobre moda*, vol. III. São Paulo: Editora Anhembi Morumbi, 2006.

BRILHANTE, Maria João. "Figurações do feminino em *Frei Luís de Souza* de Almeida Garrett". In: *Discursos. Almeida Garrett: 150 anos depois*. Lisboa: Universidade Aberta, Março 2006, p. 31-51.

CALASIBETTA, Charlotte Mankey. *Fairchild's Dictionary of fashion*, 2ª ed. Nova York: Fairchild Books, 1988.

CALDWEL, Helen. *O Otelo brasileiro de Machado de Assis: um estudo de Dom Casmurro*. São Paulo: Ateliê Editorial, 2002.

CALMON, Pedro. *História Social do Brasil: espírito da sociedade imperial*, vol. 2. São Paulo: Martins Fontes, 2002.

CAMÕES, Luís de. *Os Lusíadas*. São Paulo: Martin Claret, 2001.

CANDIDO, Antonio. "A personagem do romance". In: CANDIDO, Antonio [et. al]. *A personagem de ficção*. São Paulo: Perspectiva, 2002, p. 51-80.

CANDIDO, Antonio. "Esquema de Machado de Assis". In: *Vários escritos*. Rio de Janeiro/São Paulo: Ouro sobre Azul/Duas Cidades, 2004, p. 13-32.

CASTILHO, Kathia. *Moda e linguagem*. São Paulo: Editora Anhembi-Morumbi, 2004.

CATELLANI, Regina Maria. *Moda ilustrada de A a Z*. São Paulo: Manole, 2003.

CIDREIRA, Renata Pitombo. *Os sentidos da moda: vestuário, comunicação e cultura*. São Paulo: Annablume, 2005.

Referências bibliográficas

CHALHOUB, Sidney. *Lógica social e texto de ficção: o caso Dom Casmurro.* Palestra, UFMG: FALE, Auditório 2001, ministrada em 29 de junho de 2007.

D'INCAO, Maria Ângela. "Mulher e família burguesa". In: PRIORE, Mary Del(org.) *História das mulheres no Brasil.* 7ª ed. São Paulo: Contexto, 2004, p. 223-240.

DUARTE, Lélia Parreira. *Ironia e humor na literatura.* Belo Horizonte/São Paulo: PUC Minas/Alameda, 2006.

FLÜGEL, John C. *Psicologia das roupas.* São Paulo: Mestre Jou, 1966.

GOMES, Eugênio. *O enigma de Capitu.* Rio de Janeiro: José Olympio, 1967.

KÖHLER, Carl. *História do vestuário.* São Paulo: Martins fontes, 1996.

LAVER, James. *A roupa e a moda, uma história concisa.* São Paulo: Companhia das Letras, 1989.

LEITE, Míriam Moreira. *A condição feminina no Rio de Janeiro, século XIX: antologia de textos de viajantes estrangeiros.* São Paulo: Hucitec/ Edusp, 1993.

LIMA, Erick Ramalho S. *Palavra, olhar e silêncio em* Dom Casmurro. Scripta: Belo Horizonte, v. 3, n. 6, p. 81-96, 1º sem. 2000.

LURIE, Alison. *A linguagem das roupas.* Tradução de Ana Luiza Dantas Borges. Rio de Janeiro: Rocco, 1997.

MACEDO, Joaquim Manuel de. *Um passeio pela cidade do Rio de Janeiro.* Rio de Janeiro: Ed. Zélio Valverde, 1942.

O'HARA, Georgina. *Enciclopédia da moda: de 1840 à década de 80.* São Paulo: Companhia das Letras, 1992.

PERES, Ana Maria Clark. *Machado de Assis,* Dom Casmurro. In: PERES, Ana Maria Clark; PEIXOTO, Sérgio Alves; OLIVEIRA, Silvana Maria

Pessôa de. (orgs.) *O estilo na contemporaneidade*. Belo Horizonte: Faculdade de Letras da UFMG, 2005, p. 81-96.

PRIORI, Mary Del. "Um olhar sobre a história do corpo e da moda no Brasil". In: CASTILHO, Kathia; GALVÃO, Diana. *A moda do corpo, o corpo da moda*. São Paulo: Esfera, 2002, p. 190-201.

MALARD, Letícia. *Dom Casmurro* começou na imprensa por José Dias. Scripta: Belo Horizonte, v.3, n. 6, p. 123-128, 1º sem. 2000.

MONTEIRO, Queila Ferraz. *Sobre Dândis e antimoda masculina*. Disponível em: http://www.fashionbubbles.com/tabs/historia/2006/sobre-dandis-e-antimoda-masculina/. Acesso em: 10 de agosto de 2007, 15:40.

RAINHO, Maria do Carmo Teixeira. *A cidade e a moda: novas pretensões, novas dimensões – Rio de Janeiro, século XIX*. Brasília: UnB, 2002.

RENAULT, Delso. *Rio de Janeiro: A vida da cidade refletida nos jornais (1850-1870)*. Rio de Janeiro: Civilização Brasileira, 1978.

ROMERO, Sílvio. *História da literatura brasileira*, 6ª ed. Contribuições e estudos gerais para o exato conhecimento da literatura, tomo 1. Rio de Janeiro: José Olympio Editora, 1960.

ROMERO, Sílvio. "Machado de Assis". In: ROMERO, Sílvio. *História da literatura brasileira*, 7ª ed. Contribuições e estudos gerais para o exato conhecimento da literatura. Rio de Janeiro/Brasília: José Olympio/ INL, 1980, v. 5, cap. IV, p. 1499-1520.

ROUBINE, Jean-Jaques. *A linguagem da encenação teatral*, 1880-1980. Rio de Janeiro: Jorge Zahar, 1998.

SABINO, Marco. *Dicionário da moda*. Rio de Janeiro: Elsevier, 2007.

SEGRE, Simona. "Moldando a Igreja à Moda: um estudo da manufatura e tecelagem Bianchetti, confecção e trajes para religiosos". *Fashion Theory: A revista da Moda, Corpo e Cultura*. v. 2, n. 2. São Paulo: Editora Anhembi Morumbi, junho de 2003, p. 27-40.

SENNA. Marta de. "Estratégias de embuste: Relações intertextuais em *Dom Casmurro*". Scripta: Belo Horizonte, v. 3, n.6, p. 167-174, 1º sem. 2000.

SILVA, Antônio de Morais; MORENO, Augusto Cesar; CARDOSO JÚNIOR, José Bernardo; MACHADO, José Pedro. *Grande Dicionário da Língua Portuguesa*. Lisboa: Confluência, 1948-59. 12v.

SOUZA, Gilda de Mello. *O espírito das roupas*: a moda do século dezenove. São Paulo: Companhia das Letras, 2001.

STEIN, Ingrid. *Figuras femininas em Machado de Assis*. Coleção Literatura e Teoria Literária; v. 54, Rio de Janeiro: Paz e Terra, 1984.

Lista das ilustrações

FIGURA 1. Steven P. Neilson. Categoria: retrato Artista: J. Cramer. Localização: Londres, Inglaterra. Data(s): 21 de agosto de 1856. Daguerreotype da Royal Arch Backdrop. Assunto: "Dundee, young man wearing long coat, holding top hat." Disponível em: http://daguerreian. org/fm3/detail2.php?Databasenumber=569. Acesso em: 07/11/2007.

FIGURA 2. Stockings. 1830s. White cotton knit; silk embroidery on floral-pattern print from instep to ankle. *Inv. AC600 78-16-13AB* Disponível em: http://www.kci.or.jp/archives/index_e.html Acesso em: 20 de agosto de 2007.

FIGURA 3 *The Empress Eugénie,* surrounded by her ladies-in-waiting, 1855. Pintura de Franz Xaver Winterhalter In: BREWARD, Christoher. *Fashion: Oxford History of Art*. Nova York: Oxford University Press, 2003, p. 30.

FIGURA 4. Crinolina, 1865-1869. White cotton with nineteen steel-wire hoops. *Inv. AC 222779-9-32.*The Collection of the Kyoto Costume Institute. *Fashion: A history from the 18th to the 20th century*, vol. 1. Colônia: Tachen, 2005, p. 274.

FIGURA 5. Shoes. 1830s. Braids of straw and horsehair; silk ribbon trimming and cockade; silk taffeta lining. *Inv. AC9012 93-48AB*. Disponível em: http://www.kci.or.jp/archives/index_e.html Acesso em: 20 de agosto de 2007.

FIGURA 6 Corset. 1865-1875. White cotton coutil; steel busk; bone. *Inv. AC315980-5-49*. The Collection of the Kyoto Costume Institute. *Fashion: A history from the 18th to the 20th century*, vol. 1. Colônia: Tachen, 2005, p. 273.

FIGURA 7. Evening Dress. c. 1866. Bodice of sheer ivory striped silk with pink silk taffeta; triple-layered skirt (sheer ivory striped silk skirt and overskirt, and pink silk taffeta underskirt); worn over large crinoline. *Inv. AC9380 96-27-1AE*. Disponível em: http://www.kci.or.jp/archives/index_e.html Acesso em: 20 de agosto de 2007.

FIGURA 8. *Empress Elisabeth of Austria*, 1865. Pintura de Franz Xaver Winterhalter BREWARD, Christopher. *Fashion: Oxford History of Art*. Nova York: Oxford University Press, 2003, p. 31.

FIGURA 9. Man's Ensemble. 1830s. Dark brown tail coat of woll broadcloth with velvet collar; waistcoat woven floral pattern; teousers of plaid cotton twill; silk pongee scarf. *Inv. AC 776593-19-64D*. The Collection of the Kyoto Costume Institute. *Fashion: A history from the 18th to the 20th century*, vol. 1. Colônia: Tachen, 2005, p. 210-211.

FIGURA 10. Wedding Dress. c.1855. White sheer plain-weave linen set of bodice and skirt; triple-tiered skirt, triple-flounced pagoda sleeves. *Inv. AC217679-8-5AB*. The Collection of the Kyoto Costume Institute. *Fashion: A history from the 18th to the 20th century*, vol. 1. Colônia: Tachen, 2005, p. 239.

FIGURA 11. Day Dress. c.1850. Green and white plaid silk taffeta; skirt with five flounces with scalloped edges. *Inv. AC2177-5-10*. The Collection of the Kyoto Costume Institute. *Fashion: A history from the 18th to the 20th century*, vol. 1. Colônia: Tachen, 2005, p. 212.

Referências bibliográficas

FIGURA 12. Anúncio da loja de xales Farmer´s & Roger´s, em 1866. O´HARA, Georgina. *Enciclopédia da moda: de 1840 à década de 80.* São Paulo: Companhia das Letras, 1992, p. 291.

FIGURA 13. Oscar Wilde, 1882. BREWARD, Christopher. *Fashion: Oxford History of Art.* Nova York: Oxford University Press, 2003, p. 159.

FIGURA 14. Interior de uma loja de departamentos parisiense, 1860. BREWARD, Christopher. *Fashion: Oxford History of Art.* Nova York: Oxford University Press, 2003, p. 146.

FIGURA 15. Coleção: Robert E. Haines Categoria: retrato Aartista: anônimo. Assunto: Man, mutton chop whiskers, top hat, holding pen, reading book. Title on book reads "Ohio / Historical Collections." Disponível em: http://daguerreian.org/fm3/detail2.php?Databasenumber=544 Acesso em: 07/11/2007.

FIGURA 16. Coleção: George Armstrong Categoria: retrato. Artista: anônimo. Assunto: Man with mutton chop whiskers, double-breasted coat, holding gloves, seated in front of balustrade. Ornate chair. Attributed to be of the Wharton Family, Providence, RI. Noted By: Research by G. Armstrong. Disponível em: http://daguerreian.org/fm3/detail2.php?Databasenumber=611 Acesso em: 07/11/2007.

FIGURA 17. Wedding dress, 1898. House of Worth (French, 1858–1956). Silk, pearl. Gift of Agnes Miles Carpenter, 1941 (C.I.41.14.1). Disponível em: http://www.metmuseum.org/toah/hd/wrth/ho_C.I.41.14.1.htm Acesso em: 21 de maio de 2007.

Esta obra foi impressa em Santa Catarina pela Nova Letra Gráfica & Editora no outono de 2010. No texto foi utilizada a fonte Minion, em corpo 10,5, com entrelinha de 15,5 pontos.